Bäderarchitektur

IN MECKLENBURG-VORPOMMERN

RÜGEN
Wiek
Hiddensee
Sassnitz
Darss
Fischland
Ostseebad Sellin
Ostseebad Binz
Ostseebad Baabe
Ostseebad Göhren
Mecklenburger Bucht
Saaler Bodden
Barth
Putbus
STRALSUND
Ostseeheilbad
Graal-Müritz
Greifswalder
Bodden
Ostseebad
Warnemünde
RIBNITZ-DAMGARTEN
Ostseebad
Kühlungsborn
USEDOM
Peenemünde
Ostseebad
Rerik
Ostseebad
Heiligendamm
ROSTOCK
Wolgast
Ostseebad Zinnowitz
Wismarbucht
BAD DOBERAN
GREIFSWALD
Boltenhagen
Tessin
Ostseebad Bansin
Poel
Ostseebad Heringsdorf
Klütz
Recknitz
Trebel
Ostseebad Ahlbeck
WISMAR
Peene
Peene
GREVESMÜHLEN
GÜSTROW
Tollense
Warnow
Oderhaff
Bad Kleinen
Kummerower
See
Schweriner
See
SCHWERIN
Uecker
Zippendorf
NEUBRANDENBURG
Hagenow
Plau
am See
Plauer
See
Müritz
Randow
Stuer
NEUSTRELITZ
LUDWIGSLUST
Feldberg
Elde
Karte nicht maßstabsgerecht

EDITION KULTURLANDSCHAFT MECKLENBURG-VORPOMMERN

Bäderarchitektur

IN MECKLENBURG-VORPOMMERN

RENO STUTZ
THOMAS GRUNDNER

HINSTORFF

Die »Edition Kulturlandschaft Mecklenburg-Vorpommern« erscheint mit freundlicher Unterstützung der GFI-Gesellschaft zur Förderung kommunaler Infrastruktur und der Fremdenverkehrswirtschaft mbH, Hannover, sowie des Tourismusverbandes Mecklenburg-Vorpommern e.V.

Zudem bedanken sich Verlag und Autoren für die Hilfe durch den Zweckverband Seebäder Insel Usedom (Ahlbeck–Heringsdorf–Bansin), die Kurverwaltung Ostseebad Zinnowitz und die ECH Entwicklungs-Compagnie Heiligendamm.

Weitere Informationen zur Bäderarchitektur im Speziellen sowie allgemein zum Urlaub in Mecklenburg-Vorpommern sind über den Tourismusverband Mecklenburg-Vorpommern e.V., Platz der Freundschaft 1, 18059 Rostock, erhältlich. Tel.: 03 81/40 30 500, Fax: 03 81/40 30 555, www.auf-nach-mv.de, info@auf-nach-mv.de

Bildnachweis:
Archiv Eschenburg, Warnemünde: Abb. 4, 24–29
Landesamt für Denkmalpflege Mecklenburg-Vorpommern: Abb. 5–8, 10, 15–17, 19; A. Botefür: Abb. 14, 18, 21, 22
Privatarchiv Reno Stutz, Schwerin: Abb. 1–3, 9, 11, 13, 23, 30, 31
Franz Zadniček, Dresden: Abb. 20
Alle anderen Abbildungen: Thomas Grundner, Heiligendamm

Titelbild: Heiligendamm, Kurhaus
Rücktitel: Binz, Villa Quisisana

Bibliographische Information Der Deutschen Bibliothek:
Die Deutsche Bibliothek verzeichnet diese Publikation in der Deutschen Nationalbibliographie; detaillierte bibliographische Daten sind im Internet über http//dnb.ddb.de abrufbar.

Lagerstraße 7, 18055 Rostock
Tel. 03 81 / 49 69 - 0
Internet: http://www.hinstorff.de

1. Auflage 2004

Herstellung: Hinstorff Verlag GmbH
Lektorat: Thomas Gallien
Druck und Bindung: Neumann & Nürnberger, Leipzig
Printed in Germany
ISBN 3-356-01033-6

Zur Geschichte des Badewesens

Die modernen Seebäder Englands vor Augen und von der wohltuenden Wirkung des Meerwassers überzeugt, unterbreitete der Rostocker Mediziner und Universitätsprofessor Hofrath Prof. Samuel Gottlieb Vogel am 25. August 1793 seinem Landesherrn einen denkwürdigen Vorschlag – die Errichtung eines kleinen Seebades bei Doberan. Herzog Friedrich Franz I., der am 8. September in seiner dortigen Sommerresidenz eintraf, antwortete bereits einen Tag später: »Ich wünsche [...], der Herr Hofrath mir darüber mögen einen Plan aufsetzen, welchen ich nicht verfehlen werde auf das genaueste zu prüfen, um alsdann so viel als möglich zur Ausführung desselben beitragen zu können.«[1] Der Grundstein des deutschen Seebäderwesens war gelegt. Wichtige Anregungen hatte Prof. Vogel auf seinen Englandreisen sammeln können, wo bereits seit Jahrzehnten mehrere Seebäder existierten. Doch auch die Briten besaßen Vorbilder. So fanden Archäologen in Indien am Unterlauf des Indus ein rund 5000 Jahre altes Hallenbad mit einer Grundfläche von zirka 1800 Quadratmetern. Griechische Ärzte, wie Hippokrates von Kos (um 460–370 v.u.Z.) und Galenos von Pergamon (129–199), empfahlen die Anwendung von Meerwasser zur Linderung von Hautausschlägen und rheumatischen Erkrankungen. Im Römischen Reich warben Dutzende Heilbäder um die Gunst der Gäste. Neben dem absoluten »Modebad« der Antike – Baiae am Golf von Neapel – gab es unter anderem auch in Aachen, Baden-Baden und Wiesbaden Thermalbäder. Mit dem Untergang Roms verschwand das balneologische Wissen (Bäder- und Heilquellenkunde) der Antike für lange Zeit und wurde dem europäischen Kulturkreis erst wieder seit dem 11. Jahrhundert durch die Übersetzung der Schriften arabischer Ärzte wie Avicenna und Razes zugänglich. Ende des 17. Jahrhunderts begannen unter dem Einfluss der Aufklärung vor allem englische Ärzte die Heilkraft des Wassers verstärkt zu nutzen. Mediziner wie Robert Witty propagierten schon 1678 die Anwendung von Seebädern als Mittel gegen die Gicht. 1750 promovierte Richard Russell zum Thema Vom Drüsengift oder vom Gebrauch des Meereswassers gegen Drüsenerkrankungen und begründete damit die moderne Thalassotherapie. Vor diesem Hintergrund entstand um 1730 in Scarborough die erste englische Seebadeanstalt. Wenige Jahrzehnte später war die englische Nordsee- und Kanalküste mit einem Netz von Seebädern überzogen: Harwich, Margate, Deal, Southampton, Plymouth ...

ABB. 1:
EINES DER
BADESCHIFFE VON
HEILIGENDAMM

In Frankreich riet der französische Aufklärer Jean-Jacques Rousseau 1762 in seinem Roman EMILE ODER ÜBER DIE ERZIEHUNG, das ganze Leben über zu baden und zu schwimmen. Doch auch Deutschland kam in Bewegung. 1783 bat der ostfriesische Pfarrer Janus den Preußenkönig Friedrich II., auf der Nordseeinsel Juist ein Seebad gründen zu dürfen. Das Anliegen wurde jedoch abgelehnt. Gleiches widerfuhr dem Lübecker Arzt Johann Georg Walbaum, der Travemünde ins Auge gefasst hatte. In Mecklenburg propagierte der Rostocker Professor der Medizin und Arzt August Gottlob Weber in den 1780er Jahren das Seebaden.

Den Durchbruch leitete der Göttinger Naturwissenschaftler und Aufklärer Georg Christoph Lichtenberg ein, dessen 1792 erschienener Aufsatz WARUM HAT DEUTSCHLAND NOCH KEIN ÖFFENTLICHES BAD? unter den Medizinern einen starken Widerhall fand. Selbst Christoph Wilhelm Hufeland, einer der berühmtesten Ärzte jener Zeit, sprach sich für Lichtenbergs Vorschlag aus. Als Samuel Gottlieb Vogel 1793 daranging, in Heiligendamm ein Seebad zu errichten, waren diesem Vorhaben zahlreiche Gespräche mit Lichtenberg vorausgegangen. 1793 schrieb Letzterer: »Bey Rostock kömt ein Seebad zu Stande und zwar unter der Direcktion des vortrefflichen HofRaths Vogel, […] die Sache ist schon völlig in Gang.«[2]

Nach dem vielversprechenden Auftakt im Jahre 1793 begann ein Jahr später in Doberan/Heiligendamm die erste Badesaison. Täglich ritten oder fuhren die Badegäste, so es das Wetter zuließ, an den Strand und suchten sich einen passenden Platz zum Baden. Der erfolgreiche Beginn hatte Samuel Gottlieb Vogel veranlasst, im Herbst

ABB. 2: ANSICHT HEILIGENDAMMS MIT BADEKARREN; 1832

1793 zwei kleine Badeschiffe zu bestellen. Pünktlich zu Saisonbeginn 1794 schaukelten die beiden in Rostock gebauten Schaluppen vor Heiligendamm. Wer keine Lust verspürte, in der freien See oder im Badehaus zu baden, ließ sich zu einem der Schiffe hinausrudern. Ihr hinterer Teil war mit Segeltüchern überspannt, um die Wartenden vor der Sonne zu schützen. Weiter vorne befand sich jeweils ein kleines Badezimmer. Hinter geschlossenen Vorhängen entkleidete man sich und stieg dann über eine Treppe in einen im Meerwasser hängenden durchlöcherten Holzkasten hinab.

Später bediente man sich nach englischem Vorbild oft zweirädriger Fuhrwerke, den so genannten Badekarren. Diese um 1750 von Benjamin Beale erstmals gebauten Vehikel zierten bis zum Ersten Weltkrieg die Ostseebäder und ermöglichten das getrennte sowie unbeobachtete Baden von Frauen und Männern.

Dank herzoglicher Protektion und organisatorischer Tatkraft des zum Badearzt ernannten Prof. Vogel blühte Heiligendamm schnell auf. Die Zahl der Badegäste stieg von 308 (1794) auf 1304 im Jahre 1806. Bis 1830 verweilten jährlich zwischen 1000 und 2000 Sommerfrischler im fürstlichen Luxusbad. Im Vergleich zu englischen Bädern nahmen sich diese Zahlen allerdings recht bescheiden aus, vergnügten sich doch zum Beispiel im Brunnenbad Bath um 1800 etwa 8000 Gäste.

Die Doberaner Gästeliste enthielt viele klangvolle und berühmte Namen des mecklenburgischen und europäischen Adels, unter ihnen auch den des jungen schwedisch-vorpommerschen Generalgouverneurs Fürst Wilhelm Malte von Putbus. Dieser, von

Heiligendamm begeistert, ließ nach dortigem Vorbild ab 1816 in Neuendorf beziehungsweise Lauterbach ein exklusives Bad errichten. In der wenige Kilometer entfernten Residenz Putbus entstanden innerhalb von rund 30 Jahren 49 Gebäude, darunter ein Theater, eine Orangerie, ein Kursaal und mehrere Gästehäuser in klassizistischer Ausführung.
Einer der Besucher war der pommersche Landespräsident Johann August Sack, der, von Putbus inspiriert, in Swinemünde das erste Seebad auf Usedom errichten ließ. Kurze Zeit später, 1824, entstand im Auftrage des preußischen Oberforstmeisters Georg Bernhard von Bülow in Heringsdorf ein Logierhaus. Der Name des Küstenortes ist eine Schöpfung des damaligen Kronprinzen Friedrich Wilhelm, der 1820 Usedom besucht hatte.
1830 entdeckte der Wismarer Pfarrer Johann Joachim Hartwig Meyer das kleine, aus zehn Häusern bestehende Fischerdorf Boltenhagen bei Klütz. Unermüdlich wirkte er für seinen Ausbau zum Familienbad, in dem, wie er schrieb, anspruchslose Pastoren und vielgeplagte Schulmänner Ruhe und Erholung finden sollten. Im Gegensatz zu den adeligen Luxusbädern Heiligendamm und Putbus forderte er für Boltenhagen, dass es von allem Luxus, welcher das Leben wohl prächtiger und glänzender, aber damit nicht annehmlicher machte, verschont bleibe.[3]
Vielfach entstanden Seebäder aber auch in der Nähe der »großen« mecklenburgischen und vorpommerschen Küstenstädte. So entwickelte sich Warnemünde seit 1805 immer mehr zum Badeplatz der Rostocker, während die Greifswalder seit 1815 nach Eldena und Wieck zogen. Die Stralsunder vergnügten sich hingegen in einem unweit des Kniepertores gelegenen Badehaus. Eine Attraktion der besonderen Art leisteten sich hingegen die Wismarer. Seit 1821 lag in Wendorf ein mehrstöckiges, an der gesamten Ostseeküste einmaliges Badeschiff.
Neben den berühmten adeligen Seebädern Doberan-Heiligendamm und Putbus-Lauterbach und den städtischen Badeorten waren im Verlaufe des 19. Jahrhunderts von Boltenhagen bis Ahlbeck eine Vielzahl kleiner Badeplätze entstanden, wie 1829 die Stralsunder Zeitschrift UNDINE schrieb: »[...] außerdem wurde, vor einigen Jahren wenigstens, in Folge einer Bade-Mode fast in jedem Dorf am Strande, in niedrigen Fischerhütten, mit Rauch zum Ersticken angefüllt [...] einige Wochen campirt und gebadet [...].«[4]
Bis 1900 etablierten sich an der mecklenburgischen und vorpommerschen Küste etwa 25 Badeorte, wobei die meisten der Bezeichnung »Seebad« erst nach 1880 gerecht wurden.
Die günstige wirtschaftliche Entwicklung des Deutschen Reiches seit der Reichseinigung 1870/71, das wachsende Reisebedürfnis einer gut betuchten bürgerlichen Mittelschicht und der forcierte Ausbau des Straßen- und Eisenbahnnetzes beförder-

ten das Aufblühen der mecklenburg-vorpommerschen Ostseebäder im letzten Drittel des 19. Jahrhunderts ungemein. 1850 eröffnete die Bahnlinie Rostock–Schwerin–Hagenow mit Anschluss nach Hamburg und 1876 wurde die Strecke Berlin–Swinemünde fertig gestellt. Heringsdorf kam 1894 ans Netz, sodass die Reisezeit aus der Reichshauptstadt bis zur Insel Usedom nur noch vier Stunden betrug. Die Insel Rügen erhielt mit der Fertigstellung der Eisenbahnverbindung Sassnitz–Stralsund Anschluss an das deutsche Hinterland.

ABB. 3: ANZEIGE DES OSTSEEBADES ZINNOWITZ; 1929

Dennoch konnten bis 1900 nur wenige Badeorte auf mehr als 10 000 Besucher verweisen. Von den 20 erfassten Ostseebädern waren das lediglich Warnemünde mit 14 381, Ahlbeck mit 13 806 und Heringsdorf mit 13 006 Gästen. Das größte Bad Rügens, Sassnitz, brachte es nur auf 9634 Urlauber.[5] In allen Bädern hatten sich Badeverwaltungen beziehungsweise -direktionen gebildet. Kurtaxen wurden erhoben. Gepflegte Wege und Parkanlagen luden zu Spaziergängen, Kegelbahnen und Tennisplätze zu Sport und Spiel ein. Theater- und Tanzveranstaltungen sowie Kurkonzerte gehörten zum Standardangebot. Bis 1910 sollte sich die Anzahl der Gäste mit 200 000 gemeldeten Besuchern mehr als verdoppeln. Die meisten von ihnen kamen aus Berlin, Brandenburg und Sachsen.

Auch wenn Badekarren, wie in Boltenhagen, noch Anfang des 20. Jahrhunderts im Einsatz waren, badete man etwa seit 1830/40 streng nach Geschlechtern getrennt im Damen- respektive im Herrenbad. ABB. 29 Dazwischen befanden sich neutrale Zonen oder Bretterzäune, die vor unberufenen Blicken schützten. Familienbäder, in Frankreich seit langem Alltag, setzten sich in Deutschland erst ab 1900 (Helgoland) durch. Zwei Jahre später ging man in Heringsdorf zum »Gemischtbaden« über. 1903 folgten Ahlbeck, Bansin und Heiligendamm sowie 1904 Warnemünde und Binz. ABB. 4 Parallel dazu kamen Luft- und Sonnenbäder in Mode. Allerdings standen diese, wie das 1902 in Warnemünde errichtete, nur Männern offen.

Verlief der Badebetrieb zu Beginn des Ersten Weltkrieges noch weitestgehend normal, kam er mit Fortdauer des Krieges immer mehr zum Erliegen, um dann 1918/19 völlig zusammenzubrechen. Nach Novemberrevolution und Kapp-Putsch besserte sich die Situation etwas. Die fortschreitende Inflation ließ den Urlauberstrom zumeist aber wieder versiegen. Jedoch gab es auch Ausnahmen, zum Beispiel Heringsdorf, da hier die ehemals kaiserlichen Gäste aus Regierungskreisen von zahlungskräftigen Vertretern der deutschen Hochfinanz abgelöst wurden.

Das FKK-Baden, obwohl schon seit 1911 nachweisbar, setzte sich erst nach dem Zusammenbruch des Kaiserreichs durch. In den Jahren der Weimarer Republik, den

ABB. 4: LUFTBILD VOM STRAND IN WARNEMÜNDE. LINKS DAS HERREN-, IN DER MITTE DAS FAMILIEN- UND RECHTS DAS DAMENBAD; KERN-LUFTBILD, 1933

so genannten »Goldenen Zwanzigern«, waren Nacktbader an fast allen Stränden der Ostsee anzutreffen. Mit dem Machtantritt Hitlers wurde die FKK-Bewegung verboten und als »volksfremde jüdische Mache« verunglimpft. Ein gleiches Schicksal erfuhren jüdische Bürger, deren Hotels und Pensionen man enteignete. Selbst der Besuch der Seebäder wurde ihnen untersagt. Dumpfer Rassismus, Ablehnung alles Fremden und der staatliche, über die KdF (Kraft durch Freude) organisierte Urlaub hielten Einzug. Als Symbol dieser neuen »Ära« entstand die 20 000-Betten-Burg Prora auf der Insel Rügen.

ABB. 20

Schon während der 30er Jahre zogen in so manches Heim der Usedomer Bäderorte Ingenieure und Techniker ein. Die Raketenschmiede Peenemünde wurde aus dem Boden gestampft und bedurfte einer Unmenge an Arbeitskräften. Mit dem Beginn des Zweiten Weltkrieges und der Bombardierung deutscher Städte kamen Tausende und Abertausende Kinder im Rahmen der so genannten Kinderlandverschickung in den Heimen der Ostseebäder unter. Andere Gebäude, wie etwa das »Esplanada« in Heringsdorf, dienten als Lazarett oder Flüchtlingen ab 1944/45 als Unterkunft.

1947 übernahm der Feriendienst des Freien Deutschen Gewerkschaftsbundes (FDGB) einen Großteil der Immobilien in den Bädern und entwickelte sich zum wichtigsten Urlaubs- und Kurvermittler. An der gesamten Ostseeküste bauten volkseigene Betriebe und landwirtschaftliche Produktionsgenossenschaften Ferienheime, Bungalowsiedlungen und Kinderferienlager. Campingplätze schossen wie Pilze aus dem Boden. Bettwäsche, Handtücher, Essbesteck und vor allem Lebensmittelkarten waren anfangs noch mitzubringen. In Zinnowitz, dem »Ersten Seebad der Werktätigen«, erholten sich bereits 1950 mehr als 20 000 Werktätige. In Umsetzung der DDR-Doktrin vom Volkseigentum wurden 1953 unter dem Decknamen »Rose« Hunderte bisher privat betriebene Hotels und Pensionen unter zumeist fadenscheinigen Beschuldigungen enteignet und vom FDGB übernommen. Die Zahl der Urlauber, die sich alljährlich an den Textil- und FKK-Stränden zwischen Boltenhagen und Ahlbeck erholten, überschritt 1960 die Millionengrenze.

Die so genannte Wende brachte 1989/90 für die Badeorte der mecklenburg-vorpommerschen Küste einschneidende Veränderungen. Ganze Straßenzeilen erfuhren inzwischen eine gründliche Rekonstruktion. Neue Wander- und Radwege, Pensionen, Geschäfte, Reha-Kliniken kamen hinzu. Begleitet wurde dieser Aufbau einer neuen Infrastruktur aber auch von einem bis dato nicht gekannten Verdrängungs- und Umverteilungsprozess. Rückgabeansprüche und Reprivatisierungen führten zwischen den Alt- und neuen Vermietern zu erheblichen Spannungen.

Inzwischen hat sich vieles normalisiert. Heute haben sich die Seebäder an der Ostseeküste Mecklenburg-Vorpommerns zu wahren Besuchermagneten entwickelt, ein Umstand, der nicht zuletzt der behutsamen Sanierung der allerorts anzutreffenden Bäderarchitektur geschuldet ist.

Bäderarchitektur

Villen mit barocken Putten, antikisierenden Säulen oder normannischen Zinnen, Hotels mit Holzloggien, Erkern und Jugendstilfenstern, Seebrücken und Pavillons – die Zeugnisse der Bäderarchitektur gehören zu dem schönsten, was die Ostseeküste Mecklenburg-Vorpommerns zu bieten hat. Sie stellen sich dem heutigen Besucher als ein Sammelsurium hinsichtlich der Kunststile und der verwendeten Materialien dar.

Entstanden in der zweiten Hälfte des 19. Jahrhunderts und in der Zeit bis zum Ersten Weltkrieg, widerspiegeln sie den Geist der damaligen Seebäder: Erholung und Vergnügen. Frische Luft schnappen und dabei sehen und gesehen werden. Getreu diesem Motto entstanden Hotels und Pensionen mit ihren Veranden, Loggien und Brüstungen. Darüber hinaus luden Promenaden und Seebrücken zu ausgedehnten Spaziergängen ein. Pavillons, Theater und Kurhäuser boten dem anspruchsvollen Publikum zusätzlich Unterhaltung und Zerstreuung.

Der Terminus Bäderarchitektur lässt sich daher sehr weit fassen, bezeichnet er doch weder eine Stilrichtung noch eine spezifische Baugattung. Er steht für eine verwirrende Vielfalt an Stilen und Gestaltungselementen, die auf das saisonale Leben und die Ansprüche des Bäderpublikums ausgerichtet sind. Mittlerweile ist eine weitere Komponente hinzukommen: die der Sehenswürdigkeit.

Für die großen Seebäder zwischen Boltenhagen und Ahlbeck ist bis heute eine mehr oder weniger dichte Geschlossenheit der Bebauung entlang der Strände und Promenaden typisch. Dabei sind aber auch regionale Unterschiede feststellbar.

Da einst die alten Fischerdörfer nicht unmittelbar am Wasser lagen, entstanden häufig ganze Ortsteile neu. Zunächst dominierten einfache Pensionshäuser mit vorgesetzten Balkons oder Veranden aus Holz. Mit dem wirtschaftlichen Aufschwung seit den 1870er Jahren folgten mehrgeschossige Villen mit Erkern und Türmen sowie großzügige Hotels. Neue Verfahren in der Eisenbearbeitung ermöglichten die industrielle Fertigung von Gittern, Treppen und Geländern. Durch die Metallstanztechnik war es möglich geworden, filigrane Kunstschmiedeerzeugnisse kostengünstig herzustellen.[6] Bei ihren Entwürfen brauchten sich Bauherren und Architekten an keine Beschränkungen beziehungsweise Auflagen zu halten und konnten ihren Vorstellungen freien Lauf lassen. Allein die Kostenfrage bildete den Rahmen.

Insel Usedom

Die Usedomer Pensionen und Hotels wurden von Anfang an massiv gebaut und im Gegensatz zur Insel Rügen aufwendig mit Säulen und Stuckarbeiten versehen. Auf vorgestellte Holzloggien verzichtete man. Für die Spitzen der wilhelminischen Aristokratie und des Geldadels entstanden große, an französische Renaissancepaläste angelehnte Nobelhotels, deren Fronten man horizontal durch vorgehängte Balkons und vertikal durch Risalite oder Türme gliederte.

Ahlbeck

Während sich im benachbarten Swinemünde und in Heringsdorf schon seit Jahrzehnten Badegäste tummelten, herrschte in dem 400-Seelen-Dorf Ahlbeck auch noch Mitte des 19. Jahrhunderts tiefe Stille. Im Sommer 1852 war es damit allerdings vorbei, denn Gutspächter Holtz aus Stolpe schickte in jenem Jahr seine beiden Töchter und deren Erzieherin nach Ahlbeck. Die Holtzschen Kinder sollten dabei nicht nur die gesunde und frische Luft genießen, sondern auch in der Ostsee baden. Damit sich die Damen ungestört an- und auskleiden konnten, ließ Holtz einen Pferdewagen mit Rohr an den Strand schaffen, um ein Umkleidehaus zu errichten. Das erste Zeugnis Ahlbecker »Bäderarchitektur« entstand. ABB. 33–36

In den Folgejahren entdeckten vor allem Stettiner und Berliner Familien den Ort, sodass die Badeliste 1862 schon 314 Besucher auswies. 1870 kamen etwa 800 Gäste. Die Holtzsche Fuhre blieb nicht ohne Wirkung, denn 1858 bauten die Ahlbecker auf Gemeindekosten ihr erstes rohrgedecktes Badehaus. Das Geschäft mit den Sommerfrischlern florierte und schon 1864 sah man sich gezwungen, eine hölzerne Badeanstalt zu bauen. Im November 1872 fiel das Herren- und Damenbad allerdings einer Jahrhundertsturmflut zum Opfer.

In Ahlbeck ging es zu jener Zeit noch sehr bescheiden zu, wie der schriftstellernde Lehrer und Kantor Johann Koch berichtet: »An Luxus darf man gar nicht und auf Comfort nur wenig rechnen, das Dorf hat nichts, als das Meer, die Dünen, den Wald, sandige Getreidefelder, saftige Wiesen, schilfbedeckte Hütten und biedere Bewohner. [...] Man wohnt in beschränkten Räumen, welche die Fischer mit den Badegästen teilen. Oft ziehen erstere auch ganz aus ihrem Hause und nehmen im Stalle Quartier.«[7] Mittagessen gab es im Schulhaus, wo Frau Koch unter den argwöhnischen Augen der Schulbehörde einen Teil der Gäste bewirtete.

Im Laufe der Jahre stieg der Anspruch vieler Gäste. Der Bau eines modernen Logierhauses wurde unumgänglich. Albert Wendicke, Schwiegersohn eines Ahlbecker

ABB. 5:
AHLBECK, BLICK VOM SEESTEG AUF DEN STRAND UND DEN »AHLBECKER HOF«; HISTORISCHE POSTKARTE

Salzsieders, glaubte an die Perspektiven des Ortes und ließ 1875 ein Hotel errichten. »Wendickes Hotel« war somit buchstäblich das erste Haus am Platze. Es verfügte lange Zeit über den größten Tanz- und Vergnügungssaal und wurde dann Kurhaus. Wenige Jahre später kam ein Logierhaus in der Seestraße hinzu.

Andere folgten. So öffnete Leopold Heyn in der Lindenstraße sein Gasthaus »Zum Frieden« (später »Parkhotel« und Rathaus). Der Erfolg gab den beiden Badeort-Unternehmern Recht und schon bald begann so manch anderer Ahlbecker Fischer sein Haus um- beziehungsweise auszubauen.

Eine aus 38 Mitgliedern bestehende »Badegesellschaft« trieb die Entwicklung des Ortes zu einem modernen Seebad weiter voran. 1883 wurde die Kurtaxe eingeführt, man überführte die beiden privaten Badeanstalten in Gemeindeeigentum sowie parzellierte und bebaute das Dünenland zwischen Flundernweg (Seestraße), Karrenweg (Kaiserstraße), Schmidt-Steig (Karlstraße), Schwalbach-Steig (Neue Straße), Johann-Horn-Steig (Kirchenstraße) und nördlicher Schulzenstraße. So waren 1886 in der Dünenstraße, der heutigen Promenade, die Villen »Carola« (2001 abgerissen), »Gertrud« und »Vollert« sowie die Pensionen »Vogelers Seeschloß« (heute Amtsverwaltung) und »Seeblick« fertig gestellt. Letzteres galt als ein Haus ersten Ranges. Den Gästen standen damals 65 Zimmer, eine hauseigene Konditorei und ein Konzertgarten zur Verfügung. Im »Seeblick« befanden sich auch die für einen Badeort unverzichtbaren Lese- und Musikräume, die die Badedirektion anmietete. Die Villa wird vor allem durch die Verwendung von Backstein als typisch neugotisches Element, einen aufwendig verglasten Mittelteil und einen hölzernen Erker geprägt.

Mit der Villa »Meereswelle« entstand ab 1886 ein weiterer repräsentativer Bau. 1908 ging er in den Besitz des Berliner Weingroßhändlers Alfred Junkers über. Der dreigeschossige Putzbau mit acht Achsen zeichnet sich durch massiv hervortretende Loggien aus, deren Rundbogenarkaden auf Säulen stehen. Auffallend die aufwendig gestalteten Brüstungsgitter und der polygonal hervortretende Pavillon des Vorbaus.

Zu den bedeutendsten Hotels Ahlbecks zählt der »Ahlbecker Hof« Er verfügte über 104 Zimmer und eine große Terrasse. 1905 beherbergte das noble Etablissement den österreichisch-ungarischen Kaiser Franz Joseph und 1929 den deutschen Außenminister Gustav Stresemann. Ein Brand vernichtete 1909 das Dach und die Zwiebeltürme, die daraufhin erneuert wurden. In den 20er Jahren kaufte die Deutsche Angestelltengewerkschaft das Anwesen, von 1950 bis 1989 wurde es von der DDR-Gewerkschaft FDGB geführt. Nach Jahren des Umbaus eröffnete es 1996 als »Romantik Seehotel Ahlbecker Hof« wieder seine Pforten. ABB. 36

Doch zurück in die »Goldenen Zwanziger Jahre«. Neben den Gewerkschaften zeigten damals auch Berufsverbände und Großkonzerne Interesse an Objekten in exponierter Lage. So erstand der Deutsche Beamtenverein das Hotel »Ostende« und der Börsenverein des Deutschen Buchhandels das »Strandhotel«. Die Firma Siemens erwarb das Hotel »Waldoase« und gestaltete es zum »Siemens-Antonien-Arbeiterinnen-Erholungsheim« um.

Der größte Teil der Urlauber (1911: 22 391) kam aus Berlin, gefolgt von Pommern, Brandenburg und Sachsen. Nicht umsonst wurde Usedom auch als die Badewanne Berlins bezeichnet. Es bestand aber auch die Möglichkeit, per Dampfer anzureisen, so mit dem Salondampfer »Freya«, der in der Saison täglich zwischen Stettin–Swinemünde–Heringsdorf–Zinnowitz–Göhren–Sellin–Binz–Stubbenkammer und Sassnitz auf Rügen verkehrte.

Eine moderne Seebrücke erhielt Ahlbeck am 28. Mai 1898, sieht man einmal von einer seit 1889 bestehenden hölzernen Plattform ab. Die neue Anlage zierten nun vier Ecktürme, welche durch Kolonnaden miteinander verbunden wurden. Sie verfügte über ein Restaurant, eine Konzertbühne und eine Lesehalle. Seit 1911 beherrscht ABB. 33

ABB. 6: AHLBECK, SEEBRÜCKE; HISTORISCHE POSTKARTE

den Eingangsbereich der Brücke ein Kuriosum: eine säulenartige schwarz-goldene Jugendstiluhr. Aufgrund des Flachwassers konnten Schiffe lange nicht anlegen, so dass die Seebrücke 1901 einen 300 Meter langen Landungssteg erhielt.

Heringsdorf

ABB. 37–44 Im Gegensatz zu anderen Usedomer Urlaubsorten legte man in Heringsdorf von Anfang an auf ein wohlhabendes Publikum Wert. Dem Rechnung tragend, veranlasste die Badedirektion bereits im Jahr 1860, das Badepersonal zu uniformieren: »Im blauweiß gestreiften Hemd, das in einer langen blauen Hose steckte, einem breitkrempigen Strohhut mit schwarzer Schleife auf dem Kopfe, halfen die Badediener den Gästen beim Aus- und Ankleiden und hielten ihnen für einen Tarif von 6 Pfennigen das Badetuch bereit. Die Badefrauen trugen ›weite Beinkleider‹ mit einer enganliegenden Tunika darüber, beides aus weißem wollenen Zeug mit roten Streifen besetzt.«[8]

Die Besucher, 1911 kamen beispielsweise 16 585 Gäste, gehörten tatsächlich zumeist den wohlhabenden Ständen an. Demzufolge war auch das Badeleben, wie der Meyer-Reiseführer schrieb, »ein äußerst reges und unterhaltendes und Freunden eines derartigen ›High life‹ sehr zu empfehlen; weniger dagegen für den, der mit einem begrenzten Badebudget zu rechnen hat und Ruhe liebt.«[9]

In Heringsdorf traf sich die sogenannte »high society«: Bankiers, Industrielle, Vertreter des Hochadels, hohe Beamte und reichbetresste Offiziere. Die alljährlichen Besuche des Kaisers (1895–1913) unterstrichen den noblen Charakter. Vieles erinnert heute an diese Zeit, so auch »Des Kaisers Pavillon«. Der dunkelbraune, langgestreckte Holzbau entstand 1911 in Neorenaissanceformen. Großflächige Verglasungen und Laubsägearbeiten in den Formen des Jugendstils geben dem 1991 komplett restaurierten Lokal sein einmaliges Gepräge.

Doch auch Künstler und Schriftsteller gaben sich in Heringsdorf ein Stelldichein. Erwähnt seien Willibald Alexis (1850), Theodor Fontane (1863) und Lyonel Feininger. Der berühmte Maler und Lehrer am Bauhaus bewohnte zwischen 1908 und 1912 **ABB. 39** die Villa »Oppenheim« in der Delbrückstraße. Das im palladianischen Stil errichtete Gebäude mit vorgelagerter Freitreppe ist ein Putzbau auf leicht erhöhtem Sockel. Selbst ein Mann wie Maxim Gorki, russisch-sowjetischer Schriftsteller von Weltruf, konnte sich dem Reiz des Nobelbades nicht entziehen. Auf Anweisung der sowjetischen Regierung erholte er sich 1922 zwischen Mai und September in der Villa »Irmgard«. Markantes Zeichen des Hauses sind vor allem die im Jugendstil gestalteten Brüstungsgitter.

ABB. 7:
HERINGSDORF,
»LANDUNGSBRÜCKE«;
HISTORISCHE
POSTKARTE

Geldadel und Aristokratie prägten den Ort, sowohl gesellschaftlich als auch architektonisch. Heringsdorf, so schrieb Heinrich Mann in einem Essay, bestehe nur aus Säulen. In der Tat, kein anderer Badeort wies so viele vornehme städtische Villen auf. Von der See aus betrachtet erscheint der hügelige Ort wie ein riesiges Villenviertel: mondäne Gebäude inmitten großzügig angelegter Parks.

Neben diesen mehr Palästen gleichenden Sommerresidenzen entstanden Hotels der Luxusklasse, wie der 1886 begonnene und 1906 beendete »Kaiserhof Atlantic«: »Man hat es verstanden, dieses so herrlich gelegene Hotel mit dem wundervollen Blick auf das blaue Meer zu einem Lieblingsaufenthalt für das erlesenste Publikum zu machen. Mit seiner wohl 500 Personen fassenden mächtigen Glashalle erinnert es lebhaft an die Palasthotels der Riviera.«[10] Der 300 Betten-Monumentalbau diente nach 1945 der Roten Armee als Sanatorium und später dem FDGB als Urlauber-Heim »Solidarität«. Leider wurde der angeblich schönste Hotelbau der gesamten Ostseeküste vor der Wende abgerissen.

Den Mittelpunkt des Badelebens bildeten um die Jahrhundertwende allerdings das unmittelbar am Strand gelegene Kurhaus, hinter dem sich die Warmbadeanstalt befand, und die 413 Meter lange Kaiser-Wilhelm-Seebrücke, auch als »Landungsbrücke« bezeichnet. Zwischen 1891 und 1893 erbaut, erstrahlte sie allabendlich in elektrischer Beleuchtung. Trotz eines Begehungspreises von 10 Pfennigen war sie der Besuchermagnet. Am Eingang des Steges befanden sich Einkaufshallen. Den Brückenkopf zierte ein feines Restaurant. Nach ihrer Zerstörung durch Eisgang und Feuer wurde die Seebrücke in den 1990er Jahren wieder aufgebaut. Heute ist sie mit ihren 500 Metern die längste Europas. Zusammen mit den beiden Hochhäusern Kurklinik und

ABB. 8:
HERINGSDORF,
SEEBRÜCKE; 1997

Kurhaus bildet der gewagte moderne Bau aus Stahl und Architektur ein akzeptables Ensemble.

Unmittelbar neben der Brücke standen ein Musikpavillon und das Strandkasino, ein moderner Eisenbau mit Musik-, Spiel- und Lesezimmern sowie einem wunderschön dekorierten großen Saal. Er bot 500 Personen Platz und wurde unter anderem für Theater- sowie Tanzveranstaltungen genutzt. Auf dem terrassenartigen Dach fanden die beliebten Kurkonzerte statt.

Die Strandpromenade, die von Swinemünde über Ahlbeck und Heringsdorf bis nach Bansin führte, galt vor dem Zweiten Weltkrieg als die längste der Welt. Das Heringsdorfer Stück wurde durch die Seebrücke in zwei Hälften geteilt, wobei der östliche Bereich, der »Korso«, der elegantere war. Er führte an schmucken Strandvillen, darunter schwedische Blockhäuser, vorbei.

Das Heringsdorf sich zur »dicksten« Perle der Usedomer Seebäderkette Ahlbeck–Heringsdorf–Bansin–Zinnowitz entwickelte, verdankt der Ort vor allem den Berliner Brüdern Adelbert und Hugo Delbrück. Bis heute gelten sie als die Erbauer des Ortes. Hugo Delbrück, Rechtsanwalt und Spross einer weitverzweigten wohlhabenden Familie, leitete ab 1872 die Geschicke des seit 1824 bestehenden Seebades. Noch im selben Jahr gründete er die »Aktiengesellschaft Seebad Heringsdorf«, um den Ausbau des Badeortes systematisch voranzutreiben. Innerhalb weniger Jahre erhielt der Ort seine heutige Struktur. Mehr als 100 Restaurants, Villen, Pensionen, Hotels und Wohnhäuser sind gegenwärtig auf der Denkmalliste vermerkt, eine Einmaligkeit an
ABB. 40 der deutschen Ostseeküste. Eines der schönsten Häuser, die Villa »Oechsler«, steht in der Delbrückstraße. Der Finanzier des deutschen Kaisers, Bankier Berthold Bleich-

röder, ließ hier 1883 seinen Sommersitz errichten. Dem architektonischen Geist seiner Zeit folgend, wurde der Giebel auf der Promenadenseite mit einem Mosaikbild versehen. Die unter Verwendung von Gold und Silber gefertigte Glas-Emailschmelze stammt von dem italienischen Künstler Antonio Salvati. Auf Hochglanz polierte schwedische Granitsäulen prägen den Eingangsbereich.
Weitere Kleinode Usedomer Bäderarchitektur befinden sich im Eichenweg. Behutsam wurden hier die Villen »Ostseestrand«, »Aegir« und »Strandpark« saniert und unter Beachtung denkmalpflegerischer Vorgaben zum dreiteiligen »Upstalsboom Hotel Ostseestrand« umfunktioniert.

Bansin

Der kleinste Ort des Kaiserbädergestirns Ahlbeck–Heringsdorf–Bansin wurde erst ab 1890 und demnach recht spät von Badegästen entdeckt. Er gehört damit zu den jüngsten Gründungen im Ostseeraum. Dabei boten sowohl der feinsandige und steinfreie Sand als auch das sich bis zum Strand ausdehnende Waldgebiet des »Langen Berges« mit seinen Steilufern hervorragende Bedingungen. Nach dem Willen der Seebad-Genossenschaft sollte der Ort ein Villen-Bad für die besseren Kreise werden und Bansin zu einem Bade-, Erholungs- und Kurrefugium von Weltruf zu entwickeln. Stets trachtete man danach, wie später der Ortschronist und Malermeister Max Vahl schrieb, ein »feines Publikum nach dem Ort zu ziehen und ihn auch frei von Juden zu halten, stand es doch in den Zeitungen als antisemitisches Bad an erster Stelle«.[11] Folgerichtig findet sich schon vor 1933 in Zeitungsannoncen die Formulierung »herrschaftliche Wohnungen in christlichen Häusern«. ABB. 45–49
1897 zählte Bansin 308 Gäste. Gebadet wurde in einem ein Jahr zuvor errichteten kleinen, je sechs Kabinen umfassenden Damen- und Herrenbad. 1900 kam ein Warmbad, ein eingeschossiger Putzbau, in der Badstraße hinzu. Das Familienbad wurde 1903 eingeweiht. Dank umfangreicher Werbekampagnen näherte sich die Zahl der Gäste in der Saison 1905 mit 4960 Besuchern der Fünftausender-Grenze. Der luxuriöse Badeort verfügte nun bereits über drei Badeanstalten mit insgesamt 400 Umkleidekabinen. »Es waren schlossähnliche Gebilde, Holzbauten mit Türmen und Zinnen, mit Fahnen und Fähnchen, mit zahlreichen Kabinen, mit Treppen und Trepp-chen, mit Rettungsringen und Ret-

ABB. 9: ANZEIGE DER PENSION »KEHRWIEDER«; 1931

ABB. 10:
BANSIN, STRAND
MIT FAMILIENBAD;
HISTORISCHE
POSTKARTE

tungsbooten, mit Bademeistern und Bademeisterinnen. Sie waren umgeben von einem hohen Bretterzaun, der sich mit einem engmaschigen Drahtgeflecht im Wasser fortsetzte, so daß niemand hinaus- und niemand hineinschwimmen konnte. [...] Niemand war es gestattet, außerhalb dieser Bäder ins Wasser zu gehen.«[12]

Bauunternehmer und Handwerker hatten in jenen Jahren Hochkonjunktur. Überall entstanden neue Häuser. Auf dem Koppelberg ließ Johann Tittelfitz die Villa »Fernsicht« mit Aussichtsturm und Restaurant errichten. Bei Kaffee und Kuchen wurde sonntags vergnügt das Tanzbein geschwungen. Otto Rabiger vergrößerte sein Hotel »Meeresstrand« und Bäckermeister Dröse ließ an der Ecke Seestraße/Bergstraße ein Haus mit Bäckerei aufführen. Später wurde das Gebäude zur Villa »Frohsinn« umgebaut.

Das Hotel »Meeresstrand« (1993 abgerissen) zählte zu den vornehmsten Etablissements im Ort. Zu seinen Gästen gehörten auch Angehörige des Hochadels, wie Viktoria von Schaumburg-Lippe, die Schwester des deutschen Kaisers. Während des Ersten Weltkrieges vergnügte sich in Bansin der Bruder des deutschen Kaisers und der Bruder des Generalfeldmarschalls und späteren Reichspräsidenten Paul von Hindenburg.

Gegenüber dem Hotel »Meeresstrand« lag eine hölzerne Restauranthalle und ein Ladengebäude mit Lebensmittelgeschäft. Der Besitzer, ein gewisser Herr Borchardt aus Berlin, ging 1900 in Konkurs. Die Gebäude wurden abgerissen und 1903 an gleicher Stelle die Villa »Aegir« errichtet. Die Strandpromenade, die See- und die Bergstraße waren damals bereits fast lückenlos bebaut. Elegante Hotels, schmucke Pensionen und prächtige Villen im Stile der Bäderarchitektur genügten auch den Ansprüchen der verwöhntesten Gäste. Dazu zählten u.a. die Pension »Strandhaus« (1988 abgerissen), die Villen »Am Waldessaum«, »Schmidt«, »Erna« und »Daheim«

ABB. 46

(1998 abgerissen). Die meist zwei- oder dreigeschossigen Bauten unterscheiden sich von den in Großstädten errichteten allein durch ihre Loggien. Hinsichtlich der Bäderarchitektur verkörpern gerade die Häuser in der Bergstraße Zeugnisse ersten Ranges.

Nicht weniger interessant ist die Seestraße mit ihren im neoklassizistischen Stil errichteten Pensionen. Ein Kleinod der besonderen Art stellt dabei das 1902 im wilhelminischen Bäderstil errichtete »Hotel zur Post« (ehemals Villa »Proll«) dar. 1953 enteignet, ging es nach der »Wende« wieder in den Besitz der Alteigentümer über, die das mittlerweile heruntergekommene Gebäude instand setzten. Heute erstrahlt das dreigeschossige Eckhaus mit seinem turmartigen Erker in altem Glanz. Für die gelungene Restaurierung erhielten die Besitzer 1993 den Bundespreis für Denkmalpflege. ABB. 47

Ein ungewöhnlicher Holzbau steht in der Strandpromenade Nr. 16. Das um 1900 entstandene Gebäude weist neben alpinen auch skandinavische Einflüsse auf. Das Fachwerk ist mit verbretterten Gefachen ausgefüllt. Die Westseite wird durch eine zweigeschossige, mit Laubsägearbeiten verzierte Veranda geprägt.

1911 konnte der zahlungskräftige Besucher zwischen 110 Villen wählen. Mit 9142 Urlaubern zählte Bansin bereits zu den großen Seebädern der Insel. An die Inselbahn Heringsdorf–Wolgast/Fähre angeschlossen, entwickelte sich der Ort stetig weiter und brachte es 1939 auf zirka 23 000 Gäste.

In den letzten Kriegsjahren dienten mehrere Villen und Pensionen als Lazarett oder Kindern aus ausgebombten Städten als Notunterkunft. Nachdem alliierte Bomberverbände die Heeresversuchsanstalt Peenemünde schwer zerstört hatten, wurde ein Teil des dortigen Personals nach Bansin verlegt. 1945 zogen verwundete sowjetische Soldaten und Flüchtlinge ein. Als sich die Lage einigermaßen normalisiert hatte, übernahm in Bansin der zentrale Feriendienst des FDGB einen Großteil der Hotels und Pensionen.

Zinnowitz

Über Jahrhunderte hatten der Fischfang, die Landwirtschaft und das Handwerk das 307 Einwohner zählende Dorf Zinnowitz mehr recht als schlecht ernährt, doch Anno 1851 wollten man auch hier an dem sich rasant entwickelnden neuen Erwerbszweig Fremdenverkehr partizipieren. Das Vorbild Swinemünde vor Augen, wandte man sich mit der Bitte an den königlich-preußischen Landrat zu Stettin, ein Seebad errichten zu dürfen. Gnädigst wurde der Konsens am 3. Mai erteilt. ABB. 32, 50–52

Die ersten Badegäste, Gutsbesitzerfamilien aus der Umgebung, reisten an und nahmen in den bescheidenen Bauern- und Fischerkaten Quartier. Schnell sprachen sich die unübersehbaren Vorzüge des kleinen Badeortes – steinfreier Sand und weitläufige Wälder – herum. 1876 kamen schon zirka 600 Kurgäste. Zinnowitz entwickelte sich innerhalb kurzer Zeit zu einem beliebten Seebad, sodass in der Saison 1900 bereits 6279 Erholungsbedürftige den Ort aufsuchten. 1910 zählte die Kurverwaltung 8865 Besucher.

Schon bald zeigte sich, dass die einstigen Fischerhäuser, selbst wenn sie aufgestockt oder erweitert wurden, dem Besucherstrom und den gestiegenen Repräsentationsansprüchen nicht mehr genügten. Daher entstanden zwischen 1860 und 1890 zahlreiche neue Gebäude, wobei man vor allem zwischen zwei Haustypen variierte: der Vorortvilla mit weit auskragenden Dachüberständen und dem adeligen Landsitz. Letzterer wurde in der Regel in klassizistischen Formen mit zweigeschossigem Mittelbau und nach drei Seiten offenen Seitenrisaliten erbaut. So errichtete man 1875 das Hotel »Belvedere« des Badearztes Dr. Sachse und 1880 das Kronprinzenquartier »Strandhotel«.

In einer dritten Bauphase (1895–1910) entstanden weitere, meist zwei- und dreigeschossige Logierhäuser, wie die Pension »Baltisches Haus«, heute Hotel »Asgard«. Dem Geschmack der Zeit entsprechend wurde das Gebäude mit Walmdach, einem breiten Mittelrisalit und zwei flankierenden Seitenrisaliten versehen. Architektonisch bemerkenswert ist aber auch die Villa »Am Meer« mit ihrem zweiachsigen Mittel- und den polygonalen Seitenrisaliten, wobei der linke als Aussichtsturm dient. Weite Dachüberstände an den Giebeln und hölzerne Seitentreppen geben dem Haus sein besonderes Gepräge.

Um die Jahrhundertwende errichtete man auch das Hotel des Wolgasters Firmeninhabers Schwabe. »Schwabe's Hotel«, ein kompakter dreieinhalbgeschossiger Putzbau, erinnert mit seiner eigenwilligen Vermischung von Elementen der Neogotik, des Jugendstils und vor allem der Burgenarchitektur (Turmhelme) eher an ein Schloss als an ein Hotel.[13] Über viele Jahre galt es als die erste Adresse am Platz. Heute beher-
ABB. 51 bergt es erneut ein Etablissement der Spitzenklasse, das fünf Sterne »Palace Hotel«. Fast alle Appartements waren durch Gärten beziehungsweise Parkanlagen voneinander getrennt. Darüber hinaus verfügten die neueren Gebäude, so ein 1911 erschienener Werbetext, über vorzügliche Klosettanlagen mit und durch das ganze Haus führenden Wasserleitungen. Lediglich bei den älteren Häusern würden sich die Aborte nach wie vor außerhalb befinden.

Die Ferienunterkünfte waren fast immer möbliert, die Küchen mit dem notwendigen Geschirr ausgestattet. In Privatwohnungen musste man jedoch Bett-, Tisch- und Hauswäsche mitbringen, ebenso Messer und Gabeln.

ABB. 11: ANZEIGE VON »SCHWABE'S HOTEL«; 1931

Das Kurhaus »Preußenhof«, damals wie heute ein »Hotel 1. Ranges«, entstand im Zentrum der etwa einen Kilometer langen Promenade, direkt gegenüber der Seebrücke. 1909 wurde diese auf 500 Meter Länge ausgebaut, um das Anlegen der aus Swinemünde und Sassnitz kommenden Seebäderschiffe zu ermöglichen. Täglich fuhren hier auch die Dampfer zu Promenadenfahrten ab. Das hölzerne Ensemble der Seebrücke namens »Vineta« gliederte sich in einen Eingangsbereich mit zwei Zwiebeltürmen, verbunden durch einen kunstvoll gestalteten Bogen. Offene Pavillons integrierten das Bauwerk in die Umgebung. Auch für Unterhaltung war in Zinnowitz ausreichend gesorgt. Während der Hauptsaison fanden zwischen dem 1. Juni und dem 15. September auf der Seebrücke oder im Orchesterpavillon täglich Kurkonzerte statt.

Zinnowitz, das im Gegensatz zu Heringsdorf als »einfaches und preisgünstiges« Familienbad auf den deutschen Mittelstand zielte, war nach dem Ersten Weltkrieg zu einem Treffpunkt konservativer ostelbischer Großgrundbesitzer geworden. Vor diesem Hintergrund konstituierte sich im Frühjahr 1920 der sogenannte »Zweckverband zur Reinhaltung des Ostseebades Zinnowitz für deutschblütige Kurgäste«.[14] Auf Hinweistafeln und in Werbeprospekten wurden jüdische und fremdstämmige Kurgäste unmissverständlich darauf hingewiesen, dass sie unerwünscht seien. In Zinnowitz galt der Slogan: »Fern bleibt der Itz von Zinnowitz«.[15] Der Ort war zum Bad der Deutschnationalen geworden. In den Jahren der Weimarer Republik hisste

man sogar an offiziellen Staatsfeiertagen die Flagge des längst vergangenen Kaiserreichs. Selbst Toiletten waren schwarz-weiß-rot gestrichen und bereits 1927 flatterte am Landungssteg die Hakenkreuzfahne.[16]
Nach 1945 wurde Zinnowitz durch den Feriendienst des Freien Deutschen Gewerkschaftsbundes zum Bad der Werktätigen ausgebaut. Vor allem Kumpel der IG Wismut verbrachten hier ihren Urlaub. 1946 begann der Ferienbetrieb mit 450 Urlaubern. Fünf Jahre später stand Zinnowitz, das seit 1950 die Bezeichnung »Erstes Seebad der Werktätigen« führte, mit etwa 24 500 Kurgästen bereits an dritter Stelle aller Ostseebäder. Der »Preußenhof« erhielt den Namen »Glück auf«.
In den kommenden Jahren ging der Ausbau weiter. So errichtete die Wismut zwischen 1953 und 1957 das Kulturhaus der Deutsch-Sowjetischen Freundschaft, welches über mehrere Speiseräume, Bibliothek, Tanzcafé sowie einen Kino- und Theatersaal für 900 Personen verfügte. Der symmetrische Fünfflügelbau wurde mit einer breiten Freitreppe und einem großen Eingangsbereich versehen. 1977 entstand der »Rote Oktober«, das heutige Hotel »Baltic«. Der Neubau stellte das bis dato größte Ferienheim der Insel dar und bestand aus einem Gaststättenkomplex und einem Bettenhaus mit 950 Betten.

Insel Rügen

In den Rügenschen Seebädern waren es zum großen Teil einheimische Handwerker und Baumeister, die die Pensionshäuser und Hotels entwarfen und bauten. Die einfachen Gebäude wurden mit der Traufseite zur Straße gestellt und erhielten eine davor gesetzte offene Veranda. Als Schmuckelemente dienten verzierte Balkenköpfe und mit Ornamenten durchbrochene Giebeldreiecke. Im Gegensatz dazu stehen vor später errichteten größeren Häusern Holzloggien, deren Brüstungen und Zwickelfelder an den Stützen reich verziert wurden. Sie stellte man insbesondere während der Wintermonate als Laubsägearbeiten her.[17]
Als Vorbild diente der Rügener Bäderarchitektur das Schweizerhaus. Kein geringerer als Karl Friedrich Schinkel hatte 1835 ein solches für die Stubbenkammer entworfen. Jugendstilelemente, um die Jahrhundertwende in Mode gekommen, kamen hinzu. Größere Hotels und Pensionen hingegen spiegeln den Stilpluralismus der Gründerzeit wider. Neben neogotischen Elementen tauchen neobarocke Dächer und Neorenaissance-Türme auf.[18]

Putbus/Lauterbach

Innerhalb weniger Jahrzehnte hatte sich Putbus, »das irdische Paradies«, wie es König Friedrich Wilhelm IV. nannte, zu einem international anerkannten Luxusbad entwickelt.[19] Zahlreiche gekrönte Häupter, wie die Preußenkönige Friedrich Wilhelm III. und Friedrich Wilhelm IV. sowie Christian VIII. von Dänemark, besuchten den Ort. In den Gästelisten finden sich aber auch Namen wie Ernst Moritz Arndt, Caspar David Friedrich, Karl Friedrich Schinkel, Fritz Reuter, Alexander von Humboldt, Friedrich August Stüler und Martin Andersen Nexö. Die letzte planmäßig angelegte Residenzstadt Europas präsentierte sich seinen Gästen als die »weiße Stadt am Meer«, da Fürst Malte verfügt hatte, alle Häuser weiß anzustreichen.

Begonnen hatte alles schon im Jahre 1816, als im unweit des Putbuser Schlosses gelegenen Fischerdorf Neuendorf die erste Badesaison begann. Leinwandzelte und Badekarren tauchten auf. In der Putbuser Alleestraße entstand ein Seewasser-Warmbad. Gebadet wurde in zwei italienischen Wannen. Das Wasser, so die ersten Vorstellungen, sollte mittels einer Pumpe herangeschafft werden, doch das Projekt scheiterte. Tonnenbestückte Pferdewagen übernahmen daher den Transport.

Die neue Mode, das Baden, fand rasch Zuspruch und bot den Putbusern eine willkommene neue Einnahmequelle. Die ersten Fremdenzimmer entstanden. Malte von Putbus, inspiriert durch seine Reisen nach England und vor allem durch seine Doberaner Aufenthalte, strebte allerdings ein ganz anderes Ziel an: die Errichtung eines adeligen Luxusbades und einer Residenzstadt im klassizistischen Sinne.

Unter maßgeblichem Einfluss des Berliner Baumeisters Johann Gottfried Steinmeyer, Schwager des berühmten Karl Friedrich Schinkel, begann der architekturinteressierte Fürst 1817 mit dem Aufbau einer Reißbrettresidenz. Straßen, Alleen, Plätze und Gebäude waren diesem Anliegen untergeordnet. Die Häuser durften nur als Einzelgebäude aufgeführt werden. Selbst die Rosenstöcke vor diesen gingen auf eine fürstliche Verordnung zurück.

Mit der Fertigstellung des luxuriösen, nach dem preußischen König benannten Friedrich-Wilhelm-Bads (heute Haus »Goor«) in Lauterbach war im Jahre 1818 der erste Schritt getan. Der Name »Lauterbach« geht auf den Mädchennamen der Fürstin zurück und »Goor« heißt ein sich bis zum Bodden erstreckender Buchenwald. ABB. 53

»Ursprünglich ließ der Fürst das Gebäude als Dreiflügelanlage mit Innenhof bauen. Während im rechten Flügel die Badezellen und Logierräume eingerichtet wurden, diente der linke als Speisesaal. Wirtschaftsräume und ein Abstellplatz für die Winterunterbringung von Badekarren und -hütten befanden sich im rückwärtigen Trakt. Diese drei Giebelhäuser verband man mittels einer Wand. 12 Nischen und Büsten

ABB. 12:
LAUTERBACH,
BADEHAUS GOOR;
HISTORISCHE
DARSTELLUNG

schmückten sie. Das ganze versah man mit einem aus 22 hölzernen Säulen bestehenden Vorbau, und so wirkte alles wie ein einziges Gebäude.«[20]

Die Inneneinrichtung des Badehauses entsprach den damaligen Vorstellungen von Eleganz und Komfort: Logierzimmer mit Sofas, Fußteppichen, Tür- und Fenstervorhängen sowie großen Spiegeln. 1820 wurde das Bad durch eine schnurgerade Kunststraße mit dem Schloss verbunden und 1826 eine Bootsanlegestelle gebaut. Zunächst mit hölzernen Säulen versehen, erhielt das ohnehin schon prächtige Badehaus 1830 steinerne Säulen. Die beeindruckende, mehr als 50 Meter lange dorische Säulenkolonnade erinnert stark an einen griechischen Tempel.

In kurzer Folge entstanden in Putbus weitere Gebäude, so der Kur-Salon (1818), der Musikpavillon (1819), das Theater (1819–1821), der Marstall (1821), die Orangerie (1824), der Rondellplatz Circus (1828–1845) und das Jagdschloss Granitz (1836). Insgesamt errichtete man zwischen 1817 und 1849 in Lauterbach und in Putbus 49 neue Bauwerke.

In jener Zeit wurde auch der 75 Hektar große Park im englischen Stil umgewandelt. Er beherbergte zahllose dendrologische Kostbarkeiten, Wildgehege und Volieren mit Affen, Pfauen und exotischen Vögeln. Zu den zahlreichen Aussichtspunkten der Umgebung führten befestigte Wege. Überall standen Bänke zum Verweilen. Der Mittelpunkt des gesamten Ensembles, das Schloss, wurde 1825 großzügig im klassizistischen Stile umgebaut.

Das 1400 Einwohner zählende Putbus war Mitte des 19. Jahrhunderts in ganz Deutschland und darüber hinaus bekannt. Der Zenit des mondänen Badeortes war aber bereits überschritten. Schritt für Schritt hatten sich die Badegewohnheiten gewandelt. Der reine Kurbetrieb wurde immer mehr durch das Baden in der offenen See verdrängt. Lauterbach, am stillen Greifswalder Bodden und an der Steilküste gelegen, konnte den neuen an der offenen See aufblühenden Bädern mit ihren breiten Sandstränden nichts entgegensetzen. Die Vernichtung des Putbuser Schlosses durch Brand am 23. Dezember 1865 verkörpert dabei nur ein weiteres, allerdings symbolisches Indiz des nicht mehr aufzuhaltenden Endes des einstigen Luxusbades. Nach der Wende renovierte Gebäude, wie zum Beispiel der Marstall, künden jedoch noch heute von der einstigen Pracht.

Göhren

In der zweiten Hälfte des 19. Jahrhunderts wurde das nur knapp zwei Dutzend Kleinbauern zählende Dorf Göhren als Badeort entdeckt. 1878 erhielt es den Namen »Seebad«. ABB. 54, 55

Während den Südteil des Ortes auch weiterhin alte, reetgedeckte Mönchguter Bauernhäuser prägten, entstanden im nördlichen Villen, Gasthöfe und Logierhäuser, darunter die Hotels »Brandenburg« und »Borgmeyer«. In ihren Gärten fanden Konzerte und Bälle statt.

Die Göhrener Badeeinrichtungen befanden sich am Nordstrand. Dazu gehörten neben einem Warmbad und einer Strandhalle je eine Seebadeanstalt für Damen und Männer. Hier konnte man sich auch für ein wöchentliches Entgeld von zwei beziehungsweise drei Mark rohrgeflochtene Strandhütten und Strandkörbe ausleihen.

Großen Anklang fand auch das Mönchguter Strandtheater. Die Göhrener Spielstätte des ungewöhnlichen Theaters umfasste 600 Sitzplätze, Aufführungen gab es dreimal die Woche. 1898 stand zum Beipsiel die Volksoper »Die Rose von Thiessow« unter der Leitung des Danziger Kapellmeisters und unter Mitwirkung des Mönchguter Singchores auf dem Plan. Ein steinerner Zeuge jener Zeit ist der um 1925 errichtete Musikpavillon.

Bis zur Jahrhundertwende entwickelte sich Göhren zu einem bekannten Seebad, das in allen einschlägigen Reiseführern ausführliche Erwähnung fand: »Vor 15–20 Jahren noch ein unbedeutendes Fischerdorf, hat sich Göhren heute zu einem beliebten und von Frauen und Kindern stark besuchten Seebad aufgeschwungen. [...] Das Badeleben hat zwar durch den bedeutenden Fremdenverkehr nicht mehr die frühere Einfachheit und Billigkeit, aber Göhren ist deshalb noch kein Luxus- und Modebad geworden, man lebt hier vielmehr in der ungezwungenen Weise ohne laute Vergnügungen [...].«[21]

Die Urlauber kamen per Zug – die Rügensche Kleinbahn »Rasender Roland« verbindet seit 1899 den Ort mit den Seebädern Baabe, Sellin und Binz – oder sie reis-

ABB. 13:
WERBEANZEIGE
DES OSTSEEBADES
GÖHREN; 1931

ten über Stettin kommend mit dem Dampfer an. Während der Saison legten die Schiffe der Stettiner Dampfschifffahrtsgesellschaft und des Norddeutschen Lloyd an der 1002 Meter langen Göhrener Seebrücke an. Die Brückenhäuser von Sellin, Binz und auch von Göhren verstanden sich als Dienstleistungszentren. Sie beherbergten Fahrkartenausgaben, Gepäckabfertigungen, Fund- und Auskunftsbüros, etwa den Zimmernachweis, Erste-Hilfe-Stationen sowie Zeitungskioske.

Um 1900 besuchten zirka 6700 Gäste den Ort. Zehn Jahre später waren es bereits 11 357. Den größten Urlauberansturm erlebte Göhren jedoch nach 1945 als FDGB-Bad und Kinderferienlagerort mit bis zu 70 000 Besuchern pro Jahr.

Dass Göhren nie ein Luxus- oder Modebad war, ist bis heute an den Zeugnissen der hiesigen Bäderarchitektur ablesbar. Während andere Bäder über mondäne Gebäude verfügen, sind die in Göhren aufgeführten Hotel- und Pensionsbauten einfacher. Überwiegend handelt es sich hier um Putzgebäude mit davor gesetzten hölzernen Loggien und Balkonen.

Dennoch gibt es auch einige repräsentative Häuser mit gemauerten Loggien, wie die Pensionen »Villa am Meer« in der Friedrichstraße, »Fortuna« in der Nordperdstraße

ABB. 14:
GÖHREN,
KASTANIENALLEE 4;
1995

oder »Haus Halliger« in der Waldpromenade. Ein Prachtstück der Bäderarchitektur stellt die Villa »Hanni« in der Katharinenstraße dar. Während das Erdgeschoss durch Fugenschnitte strukturiert ist, bekam die zweite Etage einen glatten Außenputz. Das dritte Stockwerk hingegen wurde als Fachwerk aufgeführt. Vor der gesamten Giebelfront errichtete man eine hölzerne Loggia mit aufgesetzter Brüstung, um somit für die zweite Etage einen Balkon, auch Altan genannt, zu erhalten. Darüber hängt wie ein Schwalbennest ein weiterer Balkon, der durch das flach geneigte, vorstehende Dach überdeckt wird und mit üppigen Laubsägedekorationen geschmückt ist. Architektonisch betrachtet liegt der Ursprung der Villa »Hanni« in der Schweiz. Gleiches gilt für das 1894 errichtete Haus »Erika« in der Waldstraße. Beide Gebäude basieren auf dem so genannten Schweizerhaus. Im 19. Jahrhundert in Mode gekommen, ermöglichte es der damaligen Architekturauffassung entsprechend eine Vereinigung antiker und ländlicher Bauweisen. Dabei wurde die Dachneigung des Bauernhauses der eines griechischen Tempels gleichgesetzt.

ABB. 55

Sellin

»In diesen mit Sandhafer, spärlichem Tannenwuchs und dem wilden Brombeerstrauche bestandenen Dünen stehen einige Hütten, worin der Bademeister wohnt, und weiter draußen am äußersten Strande, einige Schilderhäuser und Badekarren, zum trefflichen Genuß des Bades in der offenen See auf samtweichem Grunde, im Rücken geschützt von schroffen waldigen Bergwänden, entfernt vom Geräusch des geselligen Treibens, im innigsten Verkehr mit romantisch-wilder Natur-Einsamkeit, ihren ungeschminkten Reizen und ungestörtem Frieden. Keine Küstenstelle kann sich zum Seebade besser eignen.«[22]

ABB. 56–62

Bis diese aus dem Jahre 1837 stammende Einschätzung Realität wurde, vergingen allerdings noch einige Jahrzehnte. Die schlechte Verkehrsanbindung in das entlegene Ostrügen schreckte viele ab. Nur wenige fanden den Weg nach Sellin. Einer dieser »Abenteurer« war der Berliner Schuldirektor Schobert. 1874 entdeckte er das einsame Bauern- und Fischerdorf als Urlaubsort. Da sich ein Fremdenzimmer oder gar eine Pension nicht fand, quartierte sich die Familie im Klassenzimmer der Altensiener Schule ein und wanderte täglich an den Selliner Strand.

Der Anfang war gemacht und schnell entwickelte sich das kleine Dorf zu einem bekannten Ostseebad. 1887 entstand am Ende des Grünen Steges (heute Wilhelmstraße) das »Hotel Lübky«. Dem ersten Selliner Hotelbau folgten weitere, sodass der Ort acht Jahre später über 44 neue Häuser verfügte, in denen etwa 1100 Gäste Platz fanden.

ABB. 15:
SELLIN
»STRANDHOTEL«;
HISTORISCHE
ANSICHT

1888 wurde ein Ausflugslokal auf dem Falkenberg in der Granitz gebaut. Ein Warmbad mit Restauration am Strand kam 1895 hinzu. Nachdem bereits 1893 ein Damen- und Herrenbad angelegt worden war, fügte man 1905 ein Familienbad hinzu. Mehr als 200 Badezellen standen zur Verfügung.
Um 1900 legte die Gemeinde Hochuferpromenaden in Richtung Binz und Baabe an. An den Straßen pflanzte man Linden. Wasser- und Kanalisationsleitungen wurden verlegt. Nachts erhellte eine elektrische Straßenbeleuchtung den Ort. Die magische

ABB. 16:
SELLIN, SEEBRÜCKE;
HISTORISCHE
ANSICHT

Grenze 10 000 Besucher fiel 1908. Damit hatte sich Sellin fest unter den bedeutendsten Seebädern etabliert. Das rasante Entwicklungstempo verdankte der Ort nicht zuletzt seinem Anschluss an die Bäderbahn »Rasender Roland«.
Gut betuchte Gäste reisten in den 20er Jahren mit dem Wasserflugzeug an. Regelmäßig flogen Sellin Maschinen der mit einem Lindwurmnamen ausgestatteten Firma »Luft-Fahrzeug-Gesellschaft-Werft-Stralsund« an. Je nach Wetter landeten die aus Stralsund oder Stettin kommenden Flugzeuge bei der Seebrücke oder auf dem Selliner See.
Um noch mehr Urlauber herbeizulocken, wurde ein 80 Meter langer Bootssteg gebaut. Dies war notwendig geworden, da viele Familien mit dem Dampfer anreisten. Aufgrund des geringen Tiefganges mussten sie allerdings mit kleineren Booten abgeholt werden, eine zeitraubende und nicht ungefährliche Angelegenheit. Als am 4. August 1900 beim Ausbooten sieben Passagiere den Tod fanden, war der letzte Anstoß gegeben, endlich eine Seebrücke zu errichten. Das Problem des Anlandens war mit dem Provisorium allerdings noch nicht gelöst, sodass man 1905 den Beschluss fasste, eine 500 Meter lange Seebrücke zu bauen. Das spätere Sorgenkind der Gemeinde – Stürme und Eis forderten immer wieder ihren Tribut – wurde am 2. August 1906 eingeweiht. Am 24. Februar 1924 zerdrückte Eisgang den Landungssteg von der Eingangshalle bis zum Brückenkopf. Ein Jahr später war er wieder aufgebaut und durch eine Doppelpfahlreihe sicherer denn je. Darauf bedacht, den Badeort Sellin immer attraktiver zu machen, erhielt die Seebrücke 1926/1927 ein Brückenhaus mit großzügig gestalteten Anbauten sowie einer davor liegenden Plattform. Während der linke Teil zu einer Konzertmuschel ausgebaut wurde, richtete »Der Berliner Lokalanzeiger« im rechten Anbau eine Lesehalle ein. Im März 1942 abermals durch Eisgang zerstört, wurden die Reste des einstigen Selliner Wahrzeichens 1978 abge-

ABB. 17:
SELLIN, SEEBRÜCKE;
NACH 1926

ABB. 18:
SELLIN,
WILHELMSTRASSE 10
MIT VERGLASTEN
BALKONEN; 1997

ABB. 62

rissen. 15 Jahre vergingen, bis die Gemeinde 1993 endlich eine neue, 165 Meter lange Seebrücke einweihen konnte. Die Wilhelmstraße besitzt damit wieder ihren krönenden Abschluss, zumal der Steg inzwischen auf 394 Meter verlängert wurde. Die modernen Aufbauten der damit längsten Brücke Rügens, deren Ypsilongestalt Schiffen das Anlegen auch bei schwerer See ermöglicht, sind dem historischen Vorbild nachgestaltet. Folglich richtete man die beiden Restaurants »Palmengarten« und »Kaiserpavillon« auch im Stile der Gründerzeit ein. Künstlicher Sternenhimmel, verzierte Säulen, Marmortische sowie alte Leuchter und Möbel sollen den Gast in die Kaiserzeit zurückversetzen. Typisch »Bäderarchitektur« sind auch die barocken Turmhauben.

Eine einschneidende Veränderung erfuhr die Selliner Bäderarchitektur 1944/45, als man, wie auch in vielen anderen Orten, die für den Sommerbetrieb konzipierten Häuser winterfest machte, um die Flüchtlingsströme unterzubringen. Die einst offenen Loggien, Veranden und Balkone wurden verglast. Alle Häuser erhielten Schornsteine.

Wer heute durch die Wilhelm-, Kirch- oder Granitzer Straße schlendert, wird die Loggien, Veranden, Wintergärten und Balkone wieder in ihrem ursprünglichen Zustand betrachten können. Als stilbestimmende Elemente der Bäderarchitektur prägten und prägen sie die dort gelegenen Gebäude, so die Pension »Ingeborg«, das Haus »Möwe«, die »Villa Odin« oder das Hotel-Park »Ambiance«.

Binz

ABB. 63–66, RÜCKTITEL

Obwohl die fürstlichen Badeeinrichtungen in Putbus und Lauterbach nur bis Mitte des 19. Jahrhunderts Bestand hatten, blieb die benachbarte Gemeinde Binz von dem sich entwickelnden Bäderverkehr anfangs weitestgehend unberührt. Der »Dornröschenschlaf« des von der Natur so üppig ausgestatteten Ortes endete erst um 1870. Die ersten Gäste kamen, wie allerorts üblich, bei Fischern unter oder wohnten etwa ein Kilometer vom Strand entfernt im Dorfkrug, dem »Gasthof Lockenwitz«. Während es 1870 gerade einmal 80 waren, kamen 1875 schon etwa 500 Urlauber. Elf Jahre später belief sich die Zahl der Badegäste bereits auf 1850.

Der Bau weiterer Unterkünfte wurde zwingend erforderlich. So entstand 1876 in der heutigen Bahnhofstraße mit dem »Hotel Potenberg« eine weitere Herberge. Das Gebäude wurde, dem Geschmack der Epoche entsprechend, im Stile Schweizer Bauernhäuser errichtet. In jener Zeit errichtete man auch direkt am Strand das »Strandhotel«, einen Fachwerkbau, der mehr als 100 Jahre das südliche Ende der Binzer Promenade schmückte. 1995 erfolgte allerdings sein Abriss.

Innerhalb weniger Jahrzehnte mauserte sich Binz zu einem der renommiertesten Bäder an der gesamten Ostseeküste. Überall schossen Pensionen und Hotels aus dem Boden. Die 1888 von den Bankiers Friedländer und den Brüdern Sommerfeld gegründete »Aktiengesellschaft Ostseebad Binz« ließ ganze Straßenzüge und einen Teil der heutigen Strandpromenade errichten. Jedoch überschätzte man zunächst den Zustrom an Badegästen und die AG musste 1891 Konkurs anmelden.

1892 wurde die Eisenbahnlinie Sassnitz–Binz eröffnet. Der »Rasende Roland« verband seit 1899 die sich entwickelnden Ostseebäder Binz, Baabe und Sellin. Wenige Jahre zuvor, 1895, hatte der Bau der 2,3 Kilometer langen Strandpromenade begonnen. Die Zahl der Gäste war inzwischen auf über 7000 pro Jahr angestiegen.

Wurden die mit Dampfschiffen aus Greifswald, Sassnitz oder Swinemünde ankommenden Urlauber vor der Jahrhundertwende noch mit Booten von den auf Reede liegenden Schiffen abgeholt, konnten sie ab 1902 bequem über eine hölzerne, 560 Meter lange Seebrücke an Land gelangen. Auf ihrem Kopf lag ein Restaurant. Ein Orkan zerstörte die Anlage 1905. Die nach dem Bruder des letzten deutschen Kaisers benannte »Prinz-Heinrich-Landungsbrücke« wurde nochmals aufgebaut, ging aber am 6. März 1942 durch Eisgang erneut verloren. Erst 1994 erhielten die Binzer und ihre Feriengäste eine neue auf Stahlbetonpfähle gegründete, nun 370 Meter lange Brücke.

Schon bald hatte die Berliner Noblesse das idyllisch gelegene Binz entdeckt. Der steinfreie Strand lockte auch einen Teil der Sassnitzer Gesellschaft herüber. Erstaunlich hoch war der Anteil an ausländischen Gästen, der 1909 immerhin 10 Prozent betrug.

ABB. 19:
BINZ, PARTIE AM
KURHAUS; UM 1920

Binz fühlte sich als Weltbad und brauchte den Vergleich mit anderen großen europäischen Seebädern nicht scheuen. Werbebroschüren erschienen sogar in englischer und französischer Sprache, wobei man vor allem die herrliche Lage an der Rügener Ostküste herausstellte. In der Tat glich die weit geöffnete und waldumsäumte Prorer Wiek der Lage des bei Neapel gelegenen exklusiven italienischen Badeortes Sorrent. Und so war es nur noch ein kleiner Schritt, Binz als das »Sorrent des Nordens« zu vermarkten.

Um die Jahrhundertwende entstanden unzählige Villen, Pensionen und luxuriöse Hotels. Herrschte Ende der 1890er Jahre während der Hochsaison noch Wohnungsnot, so konnte der Fremde 1908, je nach Geldbeutel und Geschmack, zwischen 18 Hotels und 170 Villen mit insgesamt 3207 Betten wählen.[23] Binz wurde zum Mekka der Bäderarchitektur. Besonders an der Strandpromenade, aber auch an der Proraer-, Dünen-, Wylich-, Lottum-, Bahnhof-, Schiller- und Heinrich-Heine-Straße, haben sich bis heute viele Beispiele dieses Stils erhalten. Kein Haus glich und gleicht dem anderen. Während das eine durch barocke Elemente geprägt wird, zeichnet sich das andere durch klassizistische Formen aus. Ein drittes widerspiegelt die Romantik und ein viertes ist umgeben von einem Hauch Jugendstil. Nebeneinander finden wir Backstein und Fachwerk, weißgetünchten Mauerputz und reichhaltig verzierte Fassadenvorbauten aus Holz und Glas. Immer wieder fallen die filigranen Balken- und Ständerkonstruktionen der Balkone, Loggien und Veranden auf, die mit üppigem, oft arabeskenartigem Zierwerk versehen wurden.

ABB. 66

Blickfang dieser Architektur und Mittelpunkt des geselligen Lebens bildet das 1908 errichtete Kurhaus, eine imposante zweigeschossige Dreiflügelanlage mit einem zum Strand geöffneten Innenhof. Der repräsentative Mitteleingang, vor allem aber die turmartigen Pavillons an den Seitenflügeln erinnern bis heute an das englische Nobelbad Brighton. Die abgestufte Terrasse und ein davor angelegter Kurplatz verstärken den mondänen Eindruck. Selbst Parallelen zum ostdeutschen Gutshofbau sind nicht von der Hand zu weisen. Die Pavillons und Wandelhallen stammen aus

ABB. 63

dem Jahre 1937. In ihnen musizierte während der Saison nachmittags und abends eine Kapelle.
Das westliche Ende der Promenade wird von Hotels des DDR-Gewerkschaftsbundes geprägt, die man in Plattenbauweise zwischen 1972 und 1983 errichtete. Diese in einem Kiefernwald versteckt liegenden Häuser wurden inzwischen grundlegend modernisiert. Eine Renaissance seiner Bäderarchitektur erlebte Binz in den 1990er Jahren. Zu den Glanzpunkten dieser Entwicklung gehören zweifellos die Hotels »Villa Salve« und »Kurhaus Binz«.

Prora

Nördlich von Binz erstreckt sich entlang der Schmalen Heide ein Zeugnis nationalsozialistischer Bäderarchitektur: Prora, das KdF-Bad der Zwanzigtausend. Ab 1936 entstand hier im Auftrage der Freizeitorganisation »Kraft durch Freude« ein gigantisches Bauwerk von mehr als vier Kilometern Länge für den Massentourismus. Die vier Bettenhaustrakte des »Koloss von Rügen«, wie die Medien das architektonische Ungetüm tauften, sollten sich um einen zentralen, 400 000 Quadratmeter großen Versammlungsplatz und eine 20 000 Menschen fassende Kongress- und Festhalle gruppieren. 1937 wurde der Entwurf des verantwortlichen Kölner Architekten Clemens Klotz auf der Weltausstellung in Paris mit einem Grand Prix geehrt. »Die

ABB. 20: PRORA, SEESEITIGE FASSADE DES SÜDABSCHNITTS; 1992

Architektur des KdF-Bades Rügen ist [...] weitgehend der Moderne verpflichtet mit Elementen wie flache Dächer, Kragdächer, in Glas aufgelöste Fassaden, schiffsbugartige, gerundete Baukörper, schmucklose, glatte Wände; auch die große geschwungene, der Küstenlinie folgende Form der Gesamtanlage macht einen durchaus modernen, sachlichen Eindruck.«[24]
Im Kriegsfalle sollten die Gebäude in ein Lazarett umfunktioniert werden. Als dieser im Sommer 1939 eintrat, wurden die Bauarbeiten am längsten Haus der Welt eingestellt. Entgegen der Absicht, in Prora ein Krankenhaus einzurichten, diente das nie fertig gestellte Bauwerk bald ausgebombten Hamburgern als Notunterkunft. Nach dem Krieg zogen Angehörige der kasernierten Volkspolizei, später Soldaten der NVA in einen hergerichteten Gebäudeteil ein. Neben einigen Wohnungen beherbergt die Anlage heute eine Jugendherberge, eine »Kunsthalle« und mehrere Museen. Der größte Teil der Räumlichkeiten steht jedoch leer und harrt einer Nutzung.

Sassnitz

ABB. 67, 68

Als sich 1906 das Bauerndorf Crampas und das Fischerdorf Sassnitz zur Stadt Sassnitz zusammenschlossen, blickten beide Orte bereits auf eine lange Badeorttradition zurück.
Zu den ersten Gästen zählte die Familie des Berliner Philosophen und Theologen Friedrich Daniel Ernst Schleiermacher. Als sie 1824 mit Betten und Bettgestellen anreiste, fand sie jedoch nur ein kleines, in einer waldigen Schlucht liegendes Dorf vor. »Logiert« wurde in einem der Fischerkaten, die man vorher höchstens frisch gekalkt hatte. Der Fußboden bekam eine frische Schicht Stroh, über die man Leinen breitete.
Weitere Badegäste folgten. In Crampas befand sich am Ufer eine leinwandbespannte Holzhütte zum Auskleiden. Von dieser führte ein Steg zu einer rund ein Meter tiefen Stelle, die von Steinen beräumt war. In Sassnitz hingegen waren sogar schon zwei Badeplätze eingerichtet worden. 1857 begrüßten die beiden 1836 zu Seebädern ernannten Orte etwa 205 Badegäste, davon suchten allein 200 Sassnitz auf.
Ein eifriger Besucher der beiden Jasmunder Badeorte war auch der Neubrandenburger Historiker und Redakteur Ernst Boll. Zwischen 1844 und 1857 weilte er viermal hier und hielt seine Erlebnisse in den 1858 erschienenen Rügener Reiseerinnerungen fest. Darin heißt es unter anderem: »Auf Jasmund werden die beiden benachbarten Badeorte Krampas und Sassnitz als Badeorte benutzt, welche, wenn die Schönheit der sie umgebenden Natur und nicht die Mode den Ausschlag bei dem Besuch der Seebäder gäbe, über alle Rivalen der Ostsee den Sieg davontragen würden, voraus-

gesetzt, daß hier für die Bequemlichkeit der Gäste mehr Sorge getragen würde, als dies jetzt der Fall ist. Denn gegenwärtig befinden sich die beiden Badeorte, die meiner Ansicht nach gewiß noch eine große Zukunft haben, noch in dem ersten Stadium ihrer Entwicklung.«[25]

Bolls Voraussage sollte sich schon bald bestätigen, denn nach 1860 erlebten beide Orte durch den Fremdenverkehr einen ungeahnten Aufschwung. Niveau und Kapazitäten der bisherigen Herbergen, strohgedeckte und schornsteinlose Fischer- beziehungsweise Bauernhäuser, genügten, wie schon Boll kritisch bemerkte, nicht einmal damaligen Standards. Daher erweiterte man, je nach Kapitalkraft, sein Haus durch Aufstockungen oder durch den Anbau eines Flügels. Die Villa »Hertha« in der Rosenstraße 4 möge dafür exemplarisch stehen. Das vermutlich aus den 1860er Jahren stammende Haus wurde 1877 um ein Stockwerk erhöht. Das Strohdach nahm man herunter und ersetzte es durch eines aus Pappe. 1885 bekam das Haus, dem Trend der Zeit folgend, eine Veranda, die 1894 aufgrund einer weiteren Aufstockung erhöht wurde. ABB. 67

Parallel dazu entstanden entlang des Westhanges zum Hochufer neue ein- und zweigeschossige Pensionen. Das »Hotel zum Fahrnberg«, 1869 eröffnet, war das erste größere seiner Art in Sassnitz. Das beim Bau verwendete Holz stammte aus einer ein Jahr zuvor in der Nähe gestrandeten holländischen Bark. Einer der berühmtesten Gäste des Hotels war der Komponist Johannes Brahms, der hier 1876 über mehrere Wochen seine Mahlzeiten einnahm. Die Umgebung scheint ihn inspiriert zu haben, denn während seines dreimonatigen Aufenthalts vollendete er seine 1. Symphonie in c-Moll.

1870 wurde der alte Dorfkrug umgebaut und führte seither den Namen »Böttchers Hotel«. Mitte des Jahrzehnts kam das bereits vor 1860 nachweisbare Küstersche Gasthaus (heute »Sassnitzer Hof«) hinzu und etablierte sich zu einem Hotel ersten Ranges.

ABB. 21: SASSNITZ, ROSENSTRASSE 6; 1997

ABB. 22: SASSNITZ, UFERSTRASSE 8; 1997

ABB. 23: WERBEANZEIGE DES SEEBADES SASSNITZ; 1931

Die neuen Pensions- und Hotelbauten waren in der Regel verputzte, zwei- bis viergeschossige, aus Backstein gebaute Traufenhäuser mit flachem Satteldach. Ihnen vorgelagert wurden hölzerne und zum Teil verglaste Loggien. Diese standen auf zumeist aufwendig gearbeiteten und reich ornamentierten Stützkonstruktionen.[26]
1872 weilten in den beiden Dörfern bereits rund 1000 Badegäste. Bis 1887 war die Zahl auf ungefähr 4000 angestiegen. Seit etwa 1870 entwickelte sich Sassnitz zum Weltbad, als nämlich Prinz Karl von Preußen und ab 1890 die deutsche Kaiserin den Ort zu ihrem Sommeraufenthalt auserkoren. Hohe Staatsbeamte, wohlhabende Kaufleute und Industrielle verbrachten hier seither zunehmend ihre Ferien. Mehr und mehr nahm das Rügener Ostseebad die Gestalt eines internationalen Modebades an, welches auch von Ausländern aufgesucht wurde. Die Gäste kamen unter anderem aus Russland, der Schweiz, Polen, Österreich-Ungarn, England, Frankreich, Belgien und Holland. Selbst aus Nord- und Südamerika sowie aus Afrika reiste man an.
Mit dem Anschluss von Sassnitz an die Eisenbahn (1891) schwoll der Gästestrom weiter an. Die Blüte währte allerdings nicht lange, denn seit Beginn des 20. Jahrhunderts warben die Konkurrenzbäder Binz, Sellin und Göhren mit ihren langen steinfreien Stränden erfolgreich um die Gunst des Publikums.

ABB. 67

Den Geist jener Zeiten atmet die vor wenigen Jahren restaurierte Villa »Hertha«. Am Hang gelegen, bietet das auf der Landesdenkmalliste Mecklenburg-Vorpommerns stehende Gebäude dem Gast einen wunderbaren Blick aufs Meer. Die drei vorgesetzten Geschosse sind reich verziert. »Einzigartig sind die plastischen Ornamente in den Arkadenbögen. Von der Straße aus erinnert der Holzschmuck an Halbsterne, die sich dann aus der Nähe jedoch als Knospen erweisen.«[27] Vier völlig identische Felder befinden sich im oberen Teil des Hauses, direkt unter dem Dreiecksgiebel. Mit etwas Phantasie erkennt man dort vier Löwenköpfe. Baupolizeiliche Erfordernisse verlangten beim Aufbau des dritten Geschosses ein weiteres Treppenhaus. Der eigens dafür errichtete Anbau endet in einem Türmchen, wodurch die Pension ein städtisches Gepräge erhielt.

Mecklenburgische Ostseeküste

Graal-Müritz

Gebadet wurde in dem östlich der Warnow gelegenen Ort Müritz nachweisbar schon seit 1819. Jahrein, jahraus tummelten sich auch Damen des adeligen Fräuleinstiftes Ribnitz und die Familie des großherzoglichen Oberförsters Baron von Stengelin am Strand. Letzterer veranlasste zahlreiche Standesgenossen und Bekannte, gleichfalls im Sommer nach Müritz zur Erholung zu kommen. Verwundert schauten die Dorfbewohner damals dem seltsamen Treiben der Fremden zu, die aus der Ferne anreisten, um hier »Dannennadel to freten und Seeluft to supen«.[28]
Befanden sich Damen im Bad, welches jedoch nur aus einem einfachen Umkleideschuppen bestand, wurde eine rote Fahne gehisst. Waren Herren anwesend, steckte man eine schwarze Flagge als Erkennungs- und Warnzeichen auf. Die typischen Badekarren fehlten völlig.
1851 wurde Müritz auf mecklenburgischen Karten bereits ausdrücklich als Seebad bezeichnet. Nach einer Phase des Niedergangs erlebten der Ort und das benachbarte Graal ab 1873/74 einen rasanten Aufschwung. Das erste Fremdenbuch aus dem Jahre 1875 verzeichnet 97 Badegäste, darunter Besucher aus Berlin, Dresden, Hamburg und Thüringen, aber auch aus Barth, Ribnitz und Damgarten. Vor allem Urlauber, die den beginnenden Massentourismus, rauschende Vergnügungen und einen Überfluss an Zerstreuungen scheuten, quartierten sich hier ein. In Groß-Müritz und in

ABB. 24:
GRAAL, GROSSHERZOGLICHES TEEHAUS UND STRAND; HISTORISCHE ANSICHT

Graal erwarteten sie Büdnerhäuser, die aber, so berichtete unser Gewährsmann Dr. Mettenheimer 1885, sehr schmuck waren: »[...] die Fenster sind stets hell und rein geputzt, fast vor jedem Haus befindet sich ein kleines Gärtchen, in dem die Badegäste eine Laube oder ein Zelt oft in primitivster Weise zurechtbauen«.[29] Ungünstigerweise – zumindest aus Sicht der Gäste – war die Vorderfront der Groß-Müritzer Häuser mit den Vorgärten und den Lauben zum Wald hin orientiert. Auf der Rück- und somit auf der Seeseite lagen die Ställe, Misthaufen und Aborte, worunter die frische Seeluft gerade im Sommer nicht selten litt.

In Müritz konnten die Gäste aber auch in einem der dreißig Zimmer des 1879/80 gebauten Hotels »Anastasia« wohnen. Um Winterkurgästen den Aufenthalt zu ermöglichen, kamen später in einem risalitartig angebauten Flügel heizbare Räumlichkeiten hinzu. Im ersten Stock und im westlichen Teil des Hochparterre waren offene Loggien mit Arkaden vorgebaut. Man verfügte über einen großen Saal, eigene Badeeinrichtungen – auch für Warmbäder –, einen parkähnlichen Garten, Kegelbahn und Billardtische. Die Übernachtung inklusive Vollpension kostete zwischen 4,00 und 4,50 Mark.

Mehrere neu gebaute Hotels ergänzten das Unterkunftsangebot, darunter das 1884 eröffnete Gast- und Logierhaus Fr. Brümmer (später Hotel »Hamburger Hof«) und die 1889 fertig gestellte Pension Moll (später Hotel »Pusch«). Ein Strandpavillon für schwächliche und empfindliche Kranke kam 1882 hinzu, ebenso das großherzogliche Teehaus, des Weiteren eine Seebrücke, die ein Dampfer aus Warnemünde in der Saison regelmäßig anlief. In der Folgezeit wurden die Graaler und Müritzer Seebrücken – zwischenzeitlich waren es sogar drei – mehrmals durch Sturm (1883, 1890, 1896, 1913) oder Eisgang (1940/41) zerstört. 1945 als Provisorium von Soldaten der Roten Armee wieder aufgebaut, ließ man sie später erneut abreißen. Seit 1993 schmückt eine 350 Meter lange und 3,5 Millionen Mark teure Landungsbrücke den Strand.

ABB. 24

Doch zurück in die Vergangenheit: Der kleine Badeort erfreute sich Ende des 19. Jahrhunderts wachsender Beliebtheit. Die Zahl der Gäste stieg von 190 im Jahre 1882 auf knapp 5000 um 1900. 1911 besuchten bereits 11 954 und 1938 15 900 Menschen Graal und Groß-Müritz. Berühmte Persönlichkeiten wie die Schriftsteller Hans Fallada, Robert Musil, Franz Kafka, Erich Kästner und Willi Bredel sowie der Künstler Lyonel Feininger logierten in dem malerischen Bad.

Bereits 1908 hatten beide Orte eine Kirche erhalten. Ein Jahr später wurde der Bau der Strandpromenade gebilligt und als Klinkersteig ausgeführt. Neue Straßen kamen hinzu, alte wurden ausgebaut oder verlängert. Überall wuchsen Gebäude im Stile der Bäderarchitektur aus dem Boden, etwa in der Kur- und Parkstraße, der Straße zur Seebrücke, der Ribnitzer- und der Strandstraße. Fast jedes Haus besaß eine Loggia oder Balkone und war mit Erkern sowie Türmen verziert. Mehr als 200 Häuser sollen es gewesen sein. »Da viele [...] um 1900 erbaut wurden, lassen sich vielfach

ABB. 25:
MÜRITZ, HOTEL »MECKLENBURGER HOF«; UM 1930

dekorative Schmuckformen des Jugendstils erkennen, geschwungene Formen der Fensterrahmen wie der Stege, bauplastischer Schmuck, auch farbiges Glas, besonders grüne Scheiben, benutzte man gern bei Fenster- und Türgestaltungen.«[30] An manchen Häusern machte sich aber auch der Einfluss der Gründerzeit bemerkbar. Ebenso gehörten barocke Fassaden, antike Säulen und reich verzierte Fenstergesimse zum Bild. Im Verlaufe der Jahrzehnte, vor allem aber in den 70er Jahren, gingen viele historische Fassaden verloren. Einzelne Gebäude wie die Pensionen »Grahl« und »Gisela« in der Kurstraße sowie das »Haus Buchgarten« künden aber auch heute noch von der einstigen Pracht.

Warnemünde

Die älteste Nachricht über das Warnemünder Badewesen stammt aus einem 1332 geschlossenen Pfandvertrag. In ihm heißt es, daß einige Rostocker in dem kleinen an der Warnowmündung gelegenen Fischerdorf in einer »stupa«, einer Art Badestube, ABB. 69, 70 badeten. Jahrhunderte später, 1811, mussten die Warnemünder für die napoleonischen Besatzungstruppen am Strom eine Warmbadeanstalt bauen. Die einfache Bretterbude enthielt drei Wannen.

Badehäuser und Badewagen gab es im damaligen Warnemünde noch nicht, da der Rat auf das nahegelegene Heiligendamm Rücksicht nehmen musste. Dennoch hatte der Ort auch seine Vorzüge, wie der Franzose Albert Assegond in seinem 1828 ins Deutsche übersetzten Buch schrieb: »Es zieht dieser Badeort durch seine Lieblichkeit und die Ruhe, die dort herrscht, alle diejenigen an, welche entfernt vom prachtvollen Geräusche Doberans, die Seebäder im Genusse der schönen Natur gebrauchen wollen.«[31] Im Gegensatz zur Pracht Doberaner Logierhäuser bot Warnemünde seinen Badegästen »nur« einfache Unterkünfte.

Das Publikum – 1822 etwa 100 und 1825 zirka 500 Logiergäste – kam vor allem aus dem unmittelbaren Umland, so aus Schwerin, Güstrow und Tessin. Der stetig zunehmende Strom an Besuchern machte es Anfang der 1830er Jahre erforderlich, ein Badehaus zu errichten. 1834 wurde die Schütz'sche Badeanstalt fertig gestellt. Das zweistöckige Gebäude besaß in der ersten Etage sechs warme Bäder, darunter ein Schwefelbad. Im Obergeschoss befand sich ein Lesesaal. Das Wasser, mittels Tonnen und Fuhrwerk herangeschafft, wurde zunächst erwärmt und dann in die einzelnen Zimmer geleitet. Erst später kam es direkt per Rohrleitung ins Haus. Gleichfalls 1834 erhielt die Promenade am Strom eine zweite Reihe Lindenbäume; die erste war bereits 1820 gepflanzt worden.

1835 ließ die Stadt Rostock ihre Rücksichtnahme auf das mondäne Doberan endlich fallen und baute eine Badeanstalt für Herren und Damen mit je 20 Zellen. Erstere befand sich direkt gegenüber dem Strandhotel, heute »Hotel Hübner«, und lag etwa 250 Meter vom Damenbad entfernt. Die einzelnen Badeverschläge standen direkt am Wasser und waren mit einer Sitz- und einer Fußbank, Stuhl, Kleiderriegel und Spiegel ausgestattet. Von den Zellen führte ein langer Steg ins Wasser, an dessen Ende sich ein Sprungbrett befand.

Inzwischen war die Zahl der sich alljährlich einfindenden Gäste auf über 1500 gestiegen. Wer eine einigermaßen bequeme Wohnung haben wollte, musste rechtzeitig mieten. Während sich die Gäste in der guten Stube, der sogenannten »Vörstuw«, einrichteten, zogen die Einheimischen in die »Achterstuw«. Die begehrtesten Unterkünfte befanden sich am Strom, dem IV. Quartier. Der hohen Mieterträge wegen, die dieser Bereich abwarf, hieß die Gegend nur »Goldberg«. Billiger wurde es in der hinteren Reihe, wo die Mietpreise nur etwa die Hälfte betrugen.

Die für die Häuser an der Warnow (heute Alter Strom) so typischen Veranden tauchten in den 1850er Jahren auf. In der Regel wurden diese aber zum Herbst hin wieder abgerissen. Über massive Vorbauten verfügten 1857 erst drei Häuser.

ABB. 26:
WARNEMÜNDE,
ALTER STROM; 1930

Schon bald besuchten berühmte Gäste das prosperierende Bad, unter ihnen Wilhelm von Humboldt, Theodor Fontane und der bekannte mecklenburgische Schriftsteller John Brinckman, welcher sich zwischen 1850 und 1870 alljährlich Am Strom 35 einquartierte.
Seit den 1860er Jahren kamen mehr und mehr Berliner in das Ostseebad, wie Fontane 1870 berichtete: »Es gibt eine Rostocker Reihe an der Warnow hin und eine Berliner Reihe (die Seestraße) am Strand hin – zwei Stadtteile, die so verschieden sind wie ihre sommerlichen Insassen.« Beide Orte, so schrieb der Schriftsteller weiter, seien durch den Warnemünder Baustil geprägt: »Er besteht darin, daß man an die Fronten der Häuser einen Glaskasten anklebt, der, unter den verschiedensten Namen auftauchend, als Balkon, Veranda, Pavillon, doch immer der alte Glaskasten bleibt, wovon das Sein oder Nichtsein aller Gäste und zuletzt ganz Warnemündes hängt. Diese gläsernen An- und Vorbaue geben dem Ort seinen Charakter und dem Badegast sein Behagen. Sie sind wirklich ein Schatz. Ob sie nach der Seite der Kunst hin noch eine Zukunft haben, muß abgewartet werden.«[32] Auch wenn Fontane Recht behielt und sich die Warnemünder mit der Bäderarchitektur Heringsdorfs oder Heiligendamms nicht messen kann, konnte sich bisher jedoch noch niemand der Wirkung der am Alten Strom gelegenen Giebelhäuser mit ihren verglasten Veranden und Vorbauten entziehen. ABB. 70
Mit der Fertigstellung der Eisenbahnstrecke Berlin–Rostock–Warnemünde im Jahre 1886 erfuhr der Badeverkehr einen deutlichen Schub. 1894 übertraf man mit 10 665

Gästen erstmals die Zehntausendergrenze. Bis zur Jahrhundertwende entstanden ganze Straßenzüge neu. 1886 wurde das Kur-Hotel »Berringer« vollendet, 1890 und 1894 kamen die Restaurants »Wilhelmshöhe« und »Hohe Düne« hinzu. Die oftmals grundlosen Wege zu den Ausflugsorten Stoltera und Rostocker Heide wurden ausgebaut, die 1350 Meter lange Seepromenade versah man 1895 mit einer elektrischen Beleuchtung. Drei Jahre später erstrahlte erstmals der 39 Meter hohe Leuchtturm.
»Typische« Bauten der Bäderarchitektur entstanden u.a. am Strandweg (Haus »Aranka«), in der Kurhausstraße (Pension »Margarethe«, Pension »Köster«), in der Wachtlerstraße (Villa »Luise«) und Am Leuchtturm. Trotz Ecktürmen, barocken Turmhauben, luftigen Balkons und Holzveranden zeigt sich die Warnemünder Variante deutlich sachlicher und ist bei weitem nicht so verspielt wie die Rügener und Usedomer.
Das im Stile des Bauhauses errichtete Kurhaus wurde 1928 von Gustav Wilhelm Berringer übergeben. Die kubischen Gebäudeteile formen sich harmonisch zu einem Ganzen und verkörpern eine neue, für damalige Verhältnisse moderne Sachlichkeit. Voluminöse, mit Putz- und Klinkerstreifen versehene Quader flankieren die breite Freitreppe des Haupteinganges. Die Flachdachkonstruktion wurde im Sinne des »Neuen Bauens« angelegt. Der Rostocker Stadtbaumeister beschrieb sein Werk wie folgt: »Das Kurhaus wird als Putzbau – mit weißem Edelputz unter sparsamster Verwendung von Klinkern – unter flachem Dach errichtet und fügt sich bewußt mit seinen horizontal gelagerten und gesteigerten Baumassen in die gestaffelte Formation des Küstengeländes ein.«[33] Über Jahrzehnte war das Kurhaus mit seinem 750 Personen fassenden Restaurant und der Seeterrasse ein beliebter touristischer Anlaufpunkt. Zwischenzeitlich erneuert, beherbergt es seit 1998 auch eine Spielbank.
Bereits ein Jahr vor der Fertigstellung des Kurhauses konnte am Fuße des Leuchtturms der »Teepavillon« übergeben werden. 1945 abgebrannt, wurde er 1968 neu aufge-

ABB. 27: WARNEMÜNDE, KURHAUS; UM 1930

baut. Die architektonische Besonderheit des Gebäudes bildet das nur sieben Zentimeter dicke Dach, eine aus drei Grundflächen zusammengesetzte 1200 Quadratmeter große hyperbolische Paraboloidschale.[34]
Heute wird die Silhouette Warnemündes vor allem durch das 19-stöckige Hotel »Neptun« bestimmt, das 1970/71 schwedische Firmen errichteten.

Doberan/Heiligendamm

Das architektonische Bild des ersten deutschen Seebades, wie es sich heute dem Besucher zeigt, entstand weitgehend im Verlaufe eines Jahrhunderts. Geprägt durch die sachliche Kühle ihrer inmitten eines malerischen Buchenwaldgürtels befindlichen Bauten sprach man schon bald von der »Weißen Stadt am Meer«. TITEL, ABB. 71–74, 82
Begonnen hatte es 1793, als der Rostocker Professor der Medizin, Prof. Samuel Gottlieb Vogel, seinen Landesherrn Herzog Friedrich Franz I. überzeugte, am Heiligen Damm ein Bad zu errichten. Zunächst verfolgte Vogel den Gedanken, in der herzoglichen Sommerresidenz Doberan selbst ein Badehaus zu bauen. Es war vorgesehen, das Seewasser per Rohrleitung zu transportieren. Die kostspielige und technisch nur schwer realisierbare Idee wurde jedoch schon bald fallen gelassen. Stattdessen sollte das Badehaus nunmehr direkt an der Ostsee, in der Nähe des »Heiligen Damms«, einem durch die Natur aufgeschütteten Steinwall, gebaut werden.
Noch im Sommer desselben Jahres eröffnete das Bad durch ein symbolisches Anbaden seitens des Herzogs und einiger Beamten. Ein kleines, hölzernes Badehaus im Stile mecklenburgischer Gutshäuser entstand ungefähr dort, wo heute das »Haus Mecklenburg« mit dem Kurhaus zusammenstößt.
Die reizvolle Lage des Bades inmitten der Natur und die Nähe der herzoglichen Sommerresidenz Doberan lockte schon bald eine stetig wachsende Zahl an Gästen herbei. ABB. 2 Um diesem »Ansturm« gerecht zu werden, wurde am Doberaner Kamp ein Logierhaus, das heutige »Kurhotel«, errichtet. Der Bau des zweistöckigen, dem Geschmack des Barocks verpflichteten Fachwerkgebäudes stand unter der Leitung des Bauconducteurs Johann Christoph Heinrich von Seydewitz und wurde 1796 fertig gestellt. Während sich in der ersten Etage ein großes Spielzimmer, ein Tanzsaal und eine Spielbank befanden, lagen im Obergeschoss die Logierzimmer. In den beiden Flügeln an der Rückfront waren die Stallungen und die Wagendepots sowie weitere Zimmer untergebracht.
Parallel dazu oblag von Seydewitz auch der Umbau des Badehauses am Heiligen Damm. Hier entstand 1796 ein massiver, eingeschossiger Ziegelbau mit einer Front von elf Fenster- beziehungsweise Türachsen. Im Inneren befand sich neben den sie-

ben Badezimmern für Warm- und Kaltbäder, zwei Ruheräumen und zwei Konservationszimmern auch die Wohnung des Bademeisters. Das Wasser wurde durch ein besonderes Triebwerk aus der See geschöpft.

Über Jahrzehnte hinweg fuhren die Gäste zum Baden an den Heiligen Damm, während das Wohnen und das gesellschaftliche Leben in Doberan stattfanden. Insbesondere Letzteres lockte in das mondäne Luxusbad alljährlich eine exklusive Gesellschaft, die Amüsements und Geselligkeit erwartete. Vor diesem Hintergrund wurde bereits 1793 ein Teil des Buchenberges und des Münstergartens durch Ludwigsluster Gartenbaukünstler zu einem englischen Landschaftsgarten umgestaltet. Darüber hinaus legte man Teiche an, auf denen Bootspartien abgehalten wurden, und 1799 kam auf dem Jungfernberg ein Pavillon hinzu.

Am Kamp, einst Dorfweide, entstanden unter Leitung Carl Theodor Severins mehrere repräsentative Bauten. Zunächst kam 1801 ein Speise- beziehungsweise Salonhaus mit sechs kleinen Kaufläden und einem Saal für 260 Personen hinzu. Als dieser nicht mehr ausreichte, wurde zwischen 1819 und 1821 an der Gartenseite ein weiterer Saal errichtet. Mit seiner im Empirestil ausgeführten Innendekoration ist er bis heute der festlichste der Stadt geblieben. 1879 erhielt das Gebäude eine Neo-Renaissance-Fassade. Heute beherbergt es das Rathaus sowie das Amtsgericht.

Severin zeichnete sich auch für das 1806 fertig gestellte Theatergebäude, die beiden auf dem Kamp stehenden chinesischen Pavillons mit Säulenumgängen (1809 und 1813) sowie das 1820 vollendete Palaisgebäude, den Residenz- und Wohnsitz der herzoglichen Familie, verantwortlich.

TITEL, ABB. 72

In jene Zeit des Ausbaus Doberans fiel auch die Errichtung eines Empfangs-, Gesellschafts-, Tanz- und Speisehauses, des heutigen Kurhauses, am Heiligen Damm. In Ergänzung zu dem bereits vorhandenen Badehaus entstand das klassizistische Gebäude unter Leitung Severins von 1814 bis 1816. Heute gilt es als das Wahrzeichen Heiligendamms und zählt zu den wichtigsten Denkmalen des Klassizismus in Norddeutschland. Die monumentale Wirkung beruht vor allem auf den acht großen dorischen Säulen der Eingangszone, die zum Meer ausgerichtet sind und von diesem nur durch einen kleinen Vorplatz getrennt werden.

ABB. 72, 74

In den 1830er Jahren kam der Wunsch auf, in unmittelbarer Nähe der See zu wohnen. Daher erhielt Hofbaurat Georg Friedrich Demmler von Großherzog Paul Friedrich 1837 den Auftrag, das alte Badehaus (Haus Mecklenburg) um drei Etagen zu erweitern. So konnten im zweiten und dritten Stock 14 neue Zimmer gewonnen werden. In der vierten Etage entstanden 22 kleinere Räume für das Personal. Das mit einem flachen Dach versehene Gebäude diente auch als Aussichtsplattform.

Neben der Erweiterung des Badehauses begann man zwischen 1839 und 1842 mit dem Bau von drei Logierhäusern: dem »Alexandrinen-Cottage«, dem »Marien-Cot-

ABB. 28: HEILIGENDAMM, HAUS MECKLENBURG; 1930

tage« und der »Villa Krone«. Alle Gebäude wurden von der großherzoglichen Familie genutzt.

Wie die meisten Heiligendammer Bäderbauten waren auch diese aus Ziegelstein aufgeführt und verputzt worden. Alle drei Häuser sind zweigeschossig, rechteckig und erhielten ein flaches Satteldach. Als Vorbild diente das so genannte Schweizerhaus. Die in der Landschaft eingebundenen Villen mit klassischen Proportionen zeichnen sich durch Balkone, Loggien und Erker aus. Markantes Zeichen des Alexandrinen- und des Marien-Cottage ist der aus dem Kernbau hervortretende achteckige Turm, dessen Dach in einer türmchenartigen Laterne mit geschweifter Haube gipfelt. Die Spitze zierte früher jeweils eine vergoldete Herzogskrone. Breite, mit kunstvoll geschmiedeten Geländegittern eingefasste Terrassen wurden von weit vorkragenden Pultdächern geschützt und luden bei jedem Wetter zum Verweilen ein. Erst später sind diese schmucklosen, verglasten Veranden gewichen.[35]

In den Jahren des Ausbaus zum mondänen Seebad wurde auch die von Doberan nach Heiligendamm führende Chaussee mit Linden bepflanzt. Nicht zu Unrecht genießt sie heute den Ruf, die »schönste Allee Deutschlands« zu sein. Weitere Logierhäuser wie die Villen »Perle«, »Greif«, »Möwe« und »Seestern« entstanden. 1848 kam ein weiteres Kleinod hinzu: die im Tudorstil gehaltene bergfriedartige »Burg Hohenzollern«.

ABB. 82
ABB. 72, 73

Jahrzehntelang lockte das mondäne Bad Tausende und Abertausende Gäste an. Bis 1939, denn in jenem Jahr wurde Heiligendamm zum Reservelazarett erklärt und der Badebetrieb eingestellt. 1941 kaufte die Reichsmarine den gesamten Ort und ließ Seekadetten in die herrschaftlichen Gebäude einziehen. Zum Ende des Krieges kamen unzählige Flüchtlinge hinzu. Von der einstigen Pracht und Herrlichkeit war nichts mehr übrig.

Aufwärts ging es erst wieder 1947, als die mecklenburgische Landesregierung beschloss, Heiligendamm zum »Kurbad der Werktätigen« auszubauen. Sieben Jahre später zählte man bereits rund 12 000 Kurgäste.[36] Seither wurde der Ort vor allem durch Sanatoriumsbewohner und Studenten geprägt. Letztere studierten an der Fachschule für Angewandte Kunst, die 1954 ihre Pforten öffnete.

Nach der »Wende« sollte das gesamte Areal des einstigen Nobelbades an einen privaten Investor verkauft werden. Doch niemand wollte das denkmalgeschützte Seebad ABB. 82 haben, sodass die einstige »Weiße Stadt am Meer« mehr und mehr ergraute. Ein Zustand, der bis 1996/97 anhielt. Dann kaufte die Kölner Fundus-Gruppe das historische Gebäudeensemble unter der Zusage, 232 Millionen Euro in die Rekonstruktion investieren zu wollen. Im Jahr 2000 ging man ans Werk. Seitdem erhält Heiligendamm ABB. 72 Schritt für Schritt seinen alten Glanz zurück. Das Kurhaus, die Häuser Mecklenburg und Burg Hohenzollern, die Orangerie sowie das Grandhotel künden bereits heute davon.

Kühlungsborn

ABB. 75–77 Kühlungsborn, das größte Ostseebad an der mecklenburgischen Küste, entstand 1938. Per Dekret hatte der damalige Gauleiter von Mecklenburg, Friedrich Hildebrandt, den Zusammenschluß der Dörfer Arendsee, Brunshaupten und Fulgen verfügt. Der Kinderreim »Und Gauleiter Hildebrandt sprach voller Zorn, Arendsee und Brunshaupten heißen von nun an Kühlungsborn« sowie das Wappen der Stadt mit seinen drei Möwen erinnern daran.[37]

Bis zum Beginn des Fremdenverkehrs lebten die Bewohner der drei Dörfer von der Landwirtschaft und vom Fischfang. Nur der Fulgener Erbpächter Wittholz baute nach 1848 ein Logierhaus. Der aus Ziegeln errichtete schlichte Zweckbau bestand aus zwei Etagen. Ein großer Garten samt Pavillon lud zum Verweilen ein. Heute dient das Gebäude als Wohnhaus.

Während in den Nachbardörfern »allens bi'n ollen bliwwt«, hieß es 1857 in einem Badeprospekt: »Das Ostseebad Fulgen, eine Meile von Doberan und eine halbe Meile von Heiligendamm gelegen, empfiehlt sich zur Aufnahme von Badegästen ergebenst.«[38]

ABB. 29: KÜHLUNGSBORN, EINGANG ZUR BADEANSTALT; UM 1939

In Brunshaupten und Arendsee tauchten die ersten Urlauber erst 1881 beziehungsweise 1884 auf.

In den folgenden Jahrzehnten erlebten die drei Dörfer eine atemberaubende Entwicklung. Allein 1913 kamen über 28000 Gäste. Die meisten reisten mit der Kleinbahn »Molli« an. Über 300 Pensionen und Hotels boten Unterkünfte an. Ganze Straßenzüge, wie die heutige Ostseeallee, die Tannen- und Poststraße, wurden damals neu errichtet. Kleinode der Bäderarchitektur, so die Villa »Meeresburg« mit ihren geschwungenen Giebeln, dem turmartigen Erker und dem eingeschossigen Saalbau, der von einem kuppelartigen Dach und einer aufgesetzten Laterne geschmückt wird, sind hier zu finden. Ohnehin zeichnen sich fast alle vor dem Ersten Weltkrieg entworfenen villenartigen Hotels und Pensionen durch aufwendig gestaltete Fassaden aus, die sowohl vom Historismus als auch durch den Jugendstil geprägt sind. Danach entstandene Häuser, so am Bülowweg, waren bereits schlichter gehalten. Traditionelle Formen wie das Fachwerk traten jetzt verstärkt auf. Das Konzertgartencafé in der Straße des Friedens hingegen ist ein Beispiel für die zu Beginn des Jahrhunderts bevorzugten Schmuckmotive linearer und floraler Ornamentik.

Zeugnisse jenes Baubooms sind auch die in Brunshaupten 1906/1907 und Arendsee 1905/1907 errichteten Kurhäuser. Letzteres wurde 1995 abgerissen. Die Grundrisse der beiden nichtkommunalen Gebäude waren einfach und zweckmäßig gestaltet. Während sich im Souterrain die Wirtschaftsräume befanden, beherbergte das Erdgeschoss Vestibül, Restaurants, Cafés und Weinstuben sowie den öffentlichen Bereich. Die Zimmer lagen in den oberen Etagen.[39]

1907 errichtete der gelernte Schneider Robert Westendorf das Hotel »Dünenhaus«, welches nach mehreren Umbauten den Namen »Schloßhotel« erhielt und sich zu einer Topadresse entwickelte. Ein Seitenflügel mit turmartigem Erker, großem Speisesaal sowie eine Badeanstalt und eine kleine Landungsbrücke vor dem am Meer liegenden Haus kamen kurze Zeit später hinzu. Als Kurhotel bot man neben Kaltbädern auch Warm- und medizinische Bäder wie Kohlesäure-, Sol- oder Fichtennadelbäder an. Massagen sowie Elektro-, Fango-, Brunnen-, Molken- und Diätkuren vervollständigten das umfangreiche Angebot. Nach dem Ersten Weltkrieg erhielt das Hotel eine große Glasveranda, die neben dem Fachwerk des Obergeschosses das Gesicht des Hauses prägte. In der Schlossdiele fanden täglich Kabarettprogramme oder Konzerte statt. Verpflegt wurden die Gäste größtenteils durch Lebensmittel aus eigener Produktion, gehörten doch zum Unternehmen zwei eigene Bauernhöfe. In die Gästelisten trugen sich bekannte Namen ein, so Ernst Heinkel, die Familie Ullstein und der Begründer der Kaufhauskette Hertie, Hermann Tietz. 1953 wurde das »Schloßhotel« im Zuge der Aktion »Rose« enteignet und der staatlichen Gewerkschaft FDGB übertragen, die es unter dem Namen Erholungsheim »Julius Fučik« bis 1989 fortführte.[40]

ABB. 76 Ein weiteres Haus voller Geschichte(n) ist die Villa »Baltic« in Arendsee. 1912 für 1,5 Millionen Reichsmark vom jüdischen Ehepaar Hausmann errichtet, galt sie als die nobelste Residenz des Ortes. Der aufwendig, in neobarocken Formen aufgeführte Putzbau, dessen Fassade durch Pilaster, Erker und Balkone reich gegliedert ist, wurde dank einer speziellen Oberflächenbehandlung vor der scharfen salzhaltigen Seeluft geschützt. Den Blickfang der Vorderfront bildet der über die gesamte Breite vorgesetzte Altan auf dorischen Säulen. 1932 starb der vermögende Rechtsanwalt, seine Frau, eine geborene Rothschild, zog nach Berlin. Die Villa, einer jüdischen Stiftung übertragen, beherbergte fortan mittellose jüdische Künstler. In einer »Nacht- und Nebel-Aktion«, die Nationalsozialisten hatten auch in Arendsee die Macht übernommen, wurden die Bewohner 1936 fortgejagt. Die Goebbels-Stiftung übernahm das Haus. Zu DDR-Zeiten nutzte die Gewerkschaft die Villa als Erholungsheim. Nach der Wende bemühten sich mehrere Investoren um das Gebäude. 1998 zog jedoch die »Kulturwerkstatt Kühlungsborn« ein und bereichert seither mit den von ihr organisierten Konzerten und Vorstellungen das Kühlungsborner Kulturleben.

Doch kurz zurück in die Vergangenheit. Nach Jahren der Stagnation hatten sich Brunshaupten und Arendsee in den »Goldenen Zwanzigern« rasant weiterentwickelt. Neue Hotels, Ausflugslokale und Restaurants entstanden. Den Status von »Weltbädern« haben sie allerdings nie erreicht. Im Gegensatz zum mondänen Heringsdorf zielten sie vor allem auf den bürgerlichen Mittelstand ab und präsentierten sich als Familienbäder.

Nach Jahrzehnten des Auf und Ab reihen sich heute Dutzende liebevoll sanierte Hotels, Villen und Pensionen wie Perlen auf einer Schnur an der Kühlungsborner Uferpromenade entlang; unter ihnen Kleinode wie das Hotel »Schloß am Meer« und die Villa »Rheingold«. ABB. 77

Boltenhagen

Die Anfänge des zweitältesten mecklenburgischen Seebades lassen sich bis 1803 zurückverfolgen. In jenem Jahr ließ die gräfliche Familie von Bothmer im nahegelegenen Rethwisch (heute Redewisch) einen Badekarren aufstellen. »Kegel-Westphal« und »Eck-Westphal«, Boltenhagener Büdner, immer auf den Verdienst eines Schillings bedacht, erkannten sofort die günstige Geschäftschance und »kupferten« die herrschaftliche Idee ab. Kurze Zeit später zierten ihre Karren den Boltenhagener Strand. Weitere Bauern folgten und um 1840 standen den Badegästen bereits zehn »bathing machines« zur Verfügung. ABB. 78, 79

Zunächst mussten sich die »Strandlöpers« und »Luftsnappers«, wie man die Badegäste spöttischerweise nannte, im Klützer Gasthaus »Zum Zoll« einquartieren, da es bis dato in Boltenhagen noch keine Pensionen gab, es sei denn, man übernachtete für ein entsprechendes Entgelt in einem der Bauernhäuser. Einige Bauern räumten sogar ihre Stuben und schliefen in der Scheune oder im Stall.

Innerhalb weniger Jahrzehnte sollte sich der verträumte Badeort an der westmecklenburgischen Ostseeküste zu einem beliebten Erholungsort mausern. Möblierte Fremdenzimmer wurden eingerichtet und 1834 die erste, zirka 200 Gäste umfassende Kurliste herausgegeben. 1840 entstand das Logierhaus »Hotel Baltique« – vollkommen ausgestattet mit Kommoden, Sofas und Spiegel, wie es damals hieß. Es bestand aus zwei Etagen und enthielt 16 Zimmer. Die mit dem nötigen Mobiliar ver-

ABB. 30: BOLTENHAGEN »HOTEL BALTIQUE«; UM 1850

sehenen Unterkünfte waren entweder auf das nahegelegene Meer oder auf die üppigen Felder und Wiesen der Umgebung ausgerichtet. Je nach Größe und Lage kosteten sie zwischen einem und zwei Talern. Das Dach des Hotels war als Terrasse ausgebaut und bot einen schönen Rundblick. Mittelpunkt des Schlosses, wie es von den Einheimischen bezeichnet wurde, war jedoch ein großer Salon. Hier versammelten sich die Gäste zum Essen, wo ihnen gesunde, kräftige und schmackhafte Speisen serviert wurden, die, so jedenfalls der Wismarer Pastor Meyer, ungleich besser als die im Doberaner Salon angebotenen seien. Außerdem, so berichtet unser Wismarer Gewährsmann weiter, trug der Wirt »[...] nach Kräften zur geselligen Unterhaltung der Boltenhäger Badegäste bei und hält in seinem Salon ein treffliches Instrument, veranstaltet Tees, Dinners, Bälle, selbst Feuerwerke, ladet wandernde Künstler zu Vorstellungen ein usw. und bietet durch eine trefflich gestaltete Kegelbahn auch Liebhabern des Kegelspiels Gelegenheit zu diesem Vergnügen«.[41]

Maßgeblichen Anteil an der Entwicklung Boltenhagens zum Badeort hatte der bereits zu Wort gekommene Wismarer Pastor Johann Joachim Hartwig Meyer, der sich ab 1830 alljährlich für mehrere Wochen im Dorf einmietete. Von den Vorzügen des Ortes überzeugt, bewog er die Bauern zunächst einmal, die Dorfstraße zu befestigen. Bäume wurden gepflanzt, daneben ein bequemer Fußsteig angelegt und 1848 der erste Bootsanlegesteg für die aus Wismar kommenden Schiffe gebaut. 1861 gründete sich auf Initiative des umtriebigen Pastors ein Verschönerungsverein, der sich das Anlegen weiterer Parks, Spazierwege, vor allem aber den Ausbau der Promenade zum Ziel gesetzt hatte. Die einst trostlose Umgebung Boltenhagens bot sich dem Gast nunmehr als lieblich gestalteter Park mit Gewächshäusern, einem Ausblickturm, Boulevards, Pavillons, Kegelbahnen, Kegelhäusern, Irrgärten, Ruhesitzen und Badestegen dar.[42]

Die Bauernhäuser glichen kleinen Hotels, zumal die Gäste hier Warmbäder vorfanden und auch beköstigt werden konnten. So besaß allein das zweistöckige Haus des Kleinbauern und Schmiedemeisters Schröder 24 Zimmer und ein Warmbad. Gleiches galt für Zimmermann Westphal. Aber auch andere Boltenhagener verfügten über großzügig ausgebaute Pensionen mit zahlreichen Gästezimmern. In den besseren Wohnungen standen gepolsterte und mit Springfedern ausgerüstete Sofas, vier bis sechs geflochtene Stühle, Eck- und Kleiderschränke sowie hölzerne Bettstellen mit Seetangmatratzen. Beim Bau der Pensionen hatte man sich auf einen einheitlichen Stil geeinigt. Alle Häuser, die in gleicher Entfernung zum Strande lagen, besaßen offene Veranden und Balkone, die von Holzpfeilern gestützt wurden. Anhand der verzierten Verstrebungen konnte der Gast sofort sein Haus erkennen.[43]
Auch am Strand hatte sich viel verändert. So wurden die ehemaligen Stroh- durch Lehmhütten ersetzt. Jede Pension und jedes Hotel besaß diese so genannten »Luftschnappers«, in denen die Gäste Schutz vor Sonne, Regen und Wind fanden. Inzwischen war ein zweites Hotel, das »Hotel Großherzog von Mecklenburg« erbaut worden – »in elegantem Stil, hochbetürmt, mit Balkons und Veranden geziert«. Auf drei Etagen verteilten sich 58 Zimmer. Diese Perle der Boltenhagener Bäderarchitektur wurde ebenso wie das Hotel des Ökonomen Seebach und das Gästehaus des Fischers Schwarz durch eine Jahrhundertflut in der Nacht vom 12. zum 13. November 1872 zerstört. Nicht minder waren die Verwüstungen in den Grün- und Parkanlagen. Die tobende See riss Badestege, Karren, Fischerboote und Hütten fort. Angesichts der Schäden konstatierte das Rostocker Tageblatt: »Boltenhagen, unser so liebliches Ostseebad, ist von den hochanstürmenden Wellen fast zertrümmert.«[44] Das Schicksal Boltenhagens löste eine Welle der Hilfsbereitschaft aus. Aus allen Teilen Deutschlands flossen reich-

ABB. 31: BOLTENHAGEN, LOGIERHAUS NACH DER STURMFLUT 1872

lich Spenden, sodass der Ort bereits ein Jahr später schöner, moderner und größer als zuvor aussah. 1880 standen den rund 1000 Gästen in Boltenhagen schon wieder 450 Zimmer zur Verfügung. Wegen der für Kinder besonders geeigneten steinfreien und flachen Strände sowie der Nähe zu Hamburg wurde Boltenhagen auch als »Hamburger Kinderstube« bezeichnet. Die meisten Badegäste kamen per Dampfer aus Wismar oder reisten mit dem »Kaffeebrenner«, einer von Grevesmühlen nach Klütz verkehrenden Kleinbahn, an.

Nach einer Phase der Ruhe entstanden ab 1900 am Strande zahlreiche Land- und am Mittelsteig mehrere neue Geschäftshäuser in Anlehnung an den Jugendstil. Anfang der 20er Jahre kamen weitere Gebäude hinzu, so die Sommerhäuser »Haus Borwin«, »Haus Sonne« und das Haus »Ingeborg«. In jener Zeit vollendete man auch das Gebäude, in dem heute die Kurverwaltung sitzt. 1923/24 als Wohnhaus errichtet, beherbergte es seit den 30er Jahren das Kindererholungsheim »Oranien«. Im Rahmen der Aktion »Rose« wurde es 1953 enteignet. Zunächst diente es sowjetischen Offizieren als Wohnung, später zog die Grenzpolizei ein.

Gleichfalls in den 20er Jahren errichtete man eine Musikmuschel, in der täglich Kaffeekonzerte stattfanden. Als sie für größere Veranstaltungen nicht mehr ausreichte, baute man 1964 einen Musikpavillon.

Seit der Wende wurden in Boltenhagen rund 500 Millionen Euro verbaut. Profitiert haben davon vor allem die Zeugnisse der Bäderarchitektur. So entstand 1992 eine 290 Meter lange Seebrücke – die erste aus dem Jahre 1911 war nach Zerstörung
ABB. 79 durch Eisgang 1961 abgetragen worden – und 2002 eine neue Konzertmuschel. Viele
ABB. 78 Gebäude wurden inzwischen rekonstruiert und erstrahlen im alten Glanz. Stellvertretend seien das Sommerhaus »Charlotte« und der ehemalige Verkaufspavillon der Firma Gustav Ramelow an der Mittelpromenade erwähnt. Letzterer wurde 1996 rekonstruiert und in eine Gaststätte umgewandelt. Zu neuem Leben ist auch die Villa »Seebach« mit ihrem Restaurant, Terrassencafé und Rosengarten erwacht. Unweit der Seebrücke lockt das gleichnamige Cafe seine Gäste zum Verweilen – ein Rundpavillon mit einer beeindruckenden Barockhaube.

Mecklenburgisches Binnenland

Auch wenn die Bäderarchitektur Mecklenburg-Vorpommerns vor allem durch die zwischen Ahlbeck und Boltenhagen gelegenen Ostseebäder geprägt wird, darf nicht außer Acht gelassen werden, dass es im Binnenland gleichfalls vereinzelte Beispiele dieses Baustil gibt.

So in BAD KLEINEN, wo 1862 mit dem Bau einer Wasserheilanstalt begonnen wurde. Nachdem das Unternehmen 1867 in Konkurs gegangen war, eröffnete der Brühler Arzt Dr. Armin Steyerthal 1895 an der Gallentiner Straße die »Kleiner Wasserheilanstalt« erneut. Im Erdgeschoss des 100 Kurplätze umfassenden Hauses befanden sich die Bäder, darunter Dampf-, Sol- und Moorbäder, sowie ein Kraftsportraum mit entsprechenden Geräten. Ergänzt wurde das Ensemble durch eine Kegelbahn, Massageräume sowie ein Lese- und ein Billardzimmer. 1896 errichtete man im Vorgarten ein Sonnenbad mit zwei Lufthütten. Drei Jahre später kamen im nahe gelegenen Wald ein großes Luft- und Sonnenbad mit Bänken, Tischen, Liegepritschen, Rohrmatten und Pavillons hinzu. Am See entstand eine Badeanstalt. Sonntags unterhielt der beliebte Ausflugsort die Schweriner und Wismarer Gäste mit regelmäßigen Waldkonzerten. Ein zweites Anstaltshaus öffnete 1899. In ihm befindet sich heute die Amtsverwaltung.

Bäderarchitektur ist aber auch südlich des Plauer Sees, in BAD STUER, zu finden. **ABB. 80** Dort errichte man 1845 nur wenige Meter vom Wasser entfernt ein Kurhaus im Fachwerkstil. Es beherbergte mehrere Baderäume, 18 Logierzimmer und einen Speisesaal. Um 1895 verfügte die Heilanstalt bereits über 80 Logierzimmer und bot seinen Gästen Kalt- und Warmbäder, Heilgymnastik sowie Luft- und Sonnenbäder an. Im Gegensatz zu vielen Ostseebädern legte man hier auf Ruhe und nicht auf geräuschvollen Luxus wert.

Die Wasserheilanstalt in FELDBERG öffnete 1855 ihre Pforten. Das am Haussee gelegene u-förmige Gebäude besteht aus zwei giebelständigen, zweigeschossigen, fünfachsigen Putzbauten mit flachem Satteldach, in denen die Behandlungs- und Schlafräume untergebracht waren. Der mit sieben rundbogigen Doppelglastüren versehene Verbindungsbau diente als Wandelhalle. Neben den typischen Kalt- und Warmbädern wurden hier auch römisch-irische Bäder angeboten, welche in Irland auf der Grundlage antiker Heißluftbäder seit langem weit verbreitet waren. Um 1900 verfügte die zwischen Mai und November geöffnete Anstalt über 50 Zimmer. Pro Saison suchten etwa 200 gutsituierte Gäste den mecklenburg-strelitzschen Ort auf. Während der Glanzzeiten des Feldberger Fremdenverkehrs wurden die Besucher nach Tausenden gezählt. Jedes Wochenende brachte ein Sonderzug aus Berlin die Sommerfrischler in das von Seen und Wäldern umgebene Refugium. Darauf hatte sich auch das Gaststättenwesen mit seinen 32 Cafés und Restaurants eingestellt. Allein der »Stieglitzkrug« am Haussee verfügte über einen Biergarten mit 1200 Sitzplätzen.

Die Anfänge der Bäderbauten in NEUBRANDENBURG lassen sich bis ins Jahr 1826 zurückverfolgen. Damals entstand am so genannten Kropp des Tollensesees ein klei-

nes Badehaus. Eine richtige Badeanstalt samt Badehaus wurde jedoch erst 1845 gebaut. Mit Letzterem hatte man allerdings erhebliche Probleme, weil Eisgang die im Wasser stehenden hölzernen Gebäude Jahr für Jahr beschädigte oder gar zerstörte. Da man auch zukünftig aus nicht mehr nachvollziehbaren Gründen auf Karren verzichten wollte, wurde 1850 ein Badeschiff in Auftrag gegeben. 1901 kam ein zweites aus elf Zellen bestehendes Bad hinzu, welches fortan den Damen zur Verfügung stand. Das Familienbad öffnete 1914 seine Pforten.
Um den Gästen auch eine standesgemäße Unterkunft zu gewähren, hatte sich 1895 eine Aktiengesellschaft zum Bau entsprechender Etablissements gebildet. In kurzer Zeit entstanden mehrere Pensionen und Villen, unter anderem die Hochburg der Familie Ziegler. Kernpunkt der Augusta-Badsiedlung bildete allerdings das 1895 erbaute Kurhaus. Der gewaltige dreigeschossige Fachwerkbau mit Krüppelwalmdach verfügte über durchgehende Holzbalkone und wurde durch einen aus der Mittelachse verschobenen Risalit geprägt. 1929 erfuhr das Gebäude einen Um- und Ausbau, wodurch die Fachwerksichtigkeit verloren ging.
Zu den prominentesten Besuchern dieses Hauses zählte zweifellos Theodor Fontane, der sich hier 1897 einmietete, um seinen Roman STECHLIN zu überarbeiten. Er wolle, so schrieb Fontane, »nach Niegen Brandenburg abdampfen, um Preußen zu vergessen«.[45]

Das Kalt- und Warmbadehaus zu NEUSTRELITZ wurde zwischen 1816 und 1818 durch den dortigen Baumeister Friedrich Wilhelm Dunkelberg im klassizistischen Stil errichtet. Bei dem in der Seestraße 15 befindlichen Gebäude handelt es sich um einen eingeschossigen, siebenachsigen Putzbau mit Keller und Krüppelwalmdach. Die innere Raumstruktur ist im letzten Jahrhundert durch den Einbau von mehreren Wohnungen verändert worden. Dadurch ging auch der einst im Gebäude befindliche große Saal verloren, dessen Decken mit Sternenschmuck und einem mit Delphinen sowie Muschelwerk verzierten Stuckfries ausgestaltet waren. An das Badehaus schloss sich der so genannte Badegarten an, in dem sich ein kleiner, künstlich angelegter Teich und eine Rosenlaube befanden. Eine kleine Brücke führte zu einer Insel. Hier lag auch das Badeschiff.

Ein weiteres Beispiel binnenländischer »Bäderarchitektur« finden wir in PLAU, in der Hermann-Niemann-Straße. Diese verläuft am hochgelegenen Westufer des Plauer Sees als eine Art Seepromenade und wurde bis etwa 1925 mit Hotels, Restaurants und Villen bebaut. So entstanden zum Beispiel 1899 das Kurhaus »Seelust« mit zirka 100 Betten und 1907 die Pension »Gesundbrunnen«. Darüber hinaus hatte der Gast die Möglichkeit, in anderen Logierhäusern wie der »Sommerfrische«, der »Silbermühle«, der »Silberquelle«, der »Wendenburg« oder im »Waldheim« Quartier zu nehmen. Die Villa in der Hermann-Niemann-Straße 4 wurde zwischen 1915 und 1920 errichtet. Der zweigeschossige, rechteckige, stark gegliederte Putzbau weist ein Satteldach auf. Straßenseitig erhielt das Haus einen mittigen, polygonalen Erdgeschosserker. Stilistisch steht die Villa der so genannten »Reformarchitektur« nahe, die vor dem Ersten Weltkrieg auf den Historismus und den Jugendstil folgte.

Über ein Kurhotel und einen Strandpavillon verfügte auch der Schweriner Ortsteil ZIPPENDORF. Unmittelbar am Schweriner See gelegen, entwickelte sich hier seit dem 19. Jahrhundert ein reger Ausflugsverkehr. Die erste offizielle Bademöglichkeit entstand mit der Eröffnung der Zippendorfer Badeanstalt 1879. Ein Jahr darauf kam eine Aussichtskanzel hinzu. **ABB. 81**

Die ländliche Idylle des vor der Landeshauptstadt befindlichen Dorfes blieb aber erhalten. Erst Mitte der 1890er Jahre einsetzende umfangreiche Baumaßnahmen veränderten den einst lauschigen Charakter des Ortes. Villen, Restaurationen und städtisch gestaltete Wohnhäuser entstanden, alte Bauernhäuser wurden zu Sommerwohnungen umgebaut. Mehrmals wöchentlich fanden Konzerte statt. 1910 entstand das noble »Strandhotel«, nachdem das 1858 errichtete gleichnamige Hotel und Gasthaus ein Jahr zuvor abgebrannt war. Dazu gesellte sich noch im gleichen Jahr ein aus Beton gefertigtes Kurhaus mit 63 Betten. Im Volksmund wurde Zippendorf nur noch als die »Badewanne« oder die »Sonntagsnachmittagskaffeekanne« Schwerins bezeichnet. Während das »Kurhaus« als Ruine sein Dasein fristet, sind das »Strandhotel« und der »Strandpavillon« bis heute beliebte Anlaufpunkte der Schweriner und ihrer Gäste.

Literaturangaben

(1) Prignitz, Horst: Vom Badekarren zum Strandkorb. Zur Geschichte des Badewesens an der Ostseeküste, Leipzig 1977, S. 19

(2) Prignitz, Horst: Paradiese der Badelust, Rostock 1993, S. 9

(3) Meyer, Johann Joachim Hartwig: Boltenhagen wie es ist, Wismar 1843, S. 19

(4) Prignitz, Horst: Vom Badekarren zum FKK-Strand; in: Mecklenburg-Vorpommern. Ein Portrait für die Jugend, Rostock 1995, S. 122

(5) Organisations-Ausschuß des V. Internationalen Kongresses für Thalassotheraphie in Kolberg 1911 (Hrsg.): Die deutschen Ostseebäder am Anfang des Zwanzigsten Jahrhunderts, Berlin 1911, S. VIIf.

(6) Hüls, Wilhelm / Böttcher, Ulf: Bäderarchitektur, Rostock 1998, S. 7f.

(7) Zit. nach Gildenharr, Dietrich: Seebad Ahlbeck. 1700–2002. Eine geschichtliche Übersicht, Heringsdorf 2002, S. 22

(8) Wille, Hermann Heinz: Die Insel Usedom, Rostock 1999, S. 81f.

(9) Ostseebäder und Städte der Ostseeküste. Meyers Reisebücher, Leipzig/Wien 1899, S. 48

(10) Zit. nach Gildenhaar, Dietrich/Heim, Angelika: Usedom und Wollin. Ein illustriertes Reisehandbuch, Bremen 1996, S. 70

(11) Zit. nach Richter, Egon: Bansin. Die Geschichte eines Weltbades, Rostock 1990, S. 52

(12) Richter, Hans Werner: Bansiner Topographie; in: Das ist die Ostsee. Literarische Eindrücke von Flensburg bis Usedom, Rendsburg 1998, S. 157f.

(13) Vgl. Dehio, Georg: Handbuch der Deutschen Kunstdenkmäler. Mecklenburg-Vorpommern, München/Berlin 2000, S. 729

(14) Bajohr, Frank: »Unser Hotel ist judenfrei«. Bäder-Antisemitismus im 19. und 20. Jahrhundert, 2. Aufl., Frankfurt/M. 2003, S. 60

(15) Baenz, Ulrich: Zinnowitz. Seebad auf Usedom, Peenemünde 1993, S. 30

(16) Klemperer, Victor: Leben sammeln, nicht fragen wozu und warum. Tagebücher 1925–1932, Berlin 1996, S. 369

(17) Winands, Klaus: An der Ostseeküste ...; in: Der Architekt. H. 7, Köln 2000, S. 31ff.

(18) Vgl. Denkmalrat Mecklenburg-Vorpommern (Hrsg.): Denkmalbericht Mecklenburg-Vorpommern 2001, Schwerin 2001, S. 39

(19) Die Pommersche Zeitung, 8.8.1998

(20) Farin, André: Lauterbach. Rügens ältestes Seebad. Hafenort. Bootsbautradition, Lauterbach 2002, S. 9

(21) Ostseebäder, S. 88f.

(22) Schönholz, Friedrich von: Rügen. Ein Reisehandbuch für Besucher der Insel, Stralsund 1837

(23) Vgl. Schuster, Arthur: Führer durch das Ostseebad Binz, Stettin 1908, S. 29

(24) Rostock, Jürgen: KdF-Seebad Prora; in: Architektur in Mecklenburg und Vorpommern 1800–1950, Greifswald 1996, S. 297

(25) Boll, Ernst: Die Insel Rügen. Reise-Erinnerungen, Schwerin 1858, S. 58

(26) Vgl. Landesamt für Denkmalpflege Mecklenburg-Vorpommern (Hrsg.): Die Bau- und Kunstdenkmale in Mecklenburg-Vorpommern. Vorpommersche Küstenregion, Berlin 1995, S. 587

(27) Hüls, S. 27

(28) Brüning, Hermann: Über die Anfänge des See- und Solebadens im Gebiet der Deutschen Demokratischen Republik; in: Wissenschaftliche Zeitung der Universität Rostock, 5. Jg., Rostock 1955/56, S. 332

(29) Mettenheimer, Carl: Das Seebad Groß-Müritz an der Ostsee und das Friedrich-Franz-Hospiz (Kinderasyl) daselbst, Rostock 1885, S. 10

(30) Timm, Werner: »Hier will ich bleiben.« Das Ostseebad Graal-Müritz 1328–1994, Fischerhude 1994, S. 30

(31) Assegond, Albert: Taschenbuch für Seebad-Reisende, Hildburghausen 1828, S. 155f.

(32) Zit. nach Birnbaum, Brigitte: Fontane in Mecklenburg, Schwerin 1994, S. 12ff.

(33) Die Hansestadt Rostock und ihr Ostseebad Warnemünde, Rostock 1999, S. 172

(34) Vgl. Witt, Horst: Rostock. Tourist-Stadtführer, Leipzig 1979, S. 122

(35) Vgl. Baier, Gerd: Die »Cottages« am Heiligen Damm – drei Kleinode mecklenburgischer Bäderarchitektur des 19. Jahrhunderts; in: Bad Doberaner Jahrbuch 1998, Dülmen 1997, S. 122

(36) Karge, Wolf: Heiligendamm. Erstes deutsches Seebad, 2. Aufl., Schwerin 2003, S. 103ff.

(37) Zit. nach Hüls, S. 50

(38) Schweriner Volkszeitung (Mecklenburg-Magazin), Nr. 25, 1992

(39) Schacht, Alexander: Die Architektur der deutschen Ostseebäder im späten 19. und 20. Jahrhundert am Beispiel von Brunshaupten und Arendsee (Ostseebad Kühlungsborn); in: Jahrbuch für Hausforschung, Bd. 49, 2002, S. 88

(40) Schweriner Volkszeitung (Mecklenburg-Magazin), Nr. 15, 1997.

(41) Meyer, 1843, S. 12

(42) Meyer, Johann Joachim Hartwig: Boltenhagen im Jahre 1862, Wismar 1862, S. 13

(43) Günther, Horst: Ostseebad Boltenhagen. Einst und jetzt, o.O. 1995, S. 20

(44) Schweriner Volkszeitung (Mecklenburg-Magazin), Nr. 23, 1992

(45) Zit. nach Borchert, Jürgen: Eine Stadt vor 100 Jahren. Neubrandenburg. Bilder und Berichte, Lübeck 1998, S. 79

ABB. 32: ZINNOWITZ, VILLA AM MEER

SEITEN 62/63, ABB. 33: AHLBECK, SEEBRÜCKE

37
28

ABB. 35: AHLBECK, VILLA SEEBLICK

ABB. 34: AHLBECK, VILLA EMMY

SEITEN 66/67, ABB. 36: AHLBECK, AHLBECKER HOF

Villa Seeblick

AHLBECKER HOF

AHLBECKER HOF

ABB. 37: HERINGSDORF,
PUSCHKINSTRASSE 2

ABB. 38: HERINGSDORF, VILLA AUGUSTA
SEITEN 70/71, ABB. 39: HERINGSDORF, VILLA OPPENHEIM

 ABB. 40: HERINGSDORF, VILLA OECHSLER

ABB. 41: HERINGSDORF, VILLA HINTZE

lisabeth

ABB. 42: HERINGSDORF, VILLA ELISABETH

ABB. 43: HERINGSDORF, HOTEL ESPLANADE

ABB. 45: BANSIN, VILLA VINETA

ABB. 44: HERINGSDORF, PUSCHKINSTRASSE 15

SEITE 78, ABB. 46: BANSIN, BERGSTRASSE

SEITE 79, ABB. 47: BANSIN, SEESTRASSE UND HOTEL ZUR POST

Ferienwohnung frei
RESIDENZ
Sommerfreude
FERIENWOHNUNGEN
ab € 63,-

Brasserie
ANTIK
BANSIN
BERGSTR. 12
Heringsdorf
7.- 8. Juni
zum Krieg

RISTORANTE & PIZZERIA
Riviera

ABB. 49: BANSIN, VILLA DORA

SEITEN 82/83, ABB. 50: ZINNOWITZ, STRANDPROMENADE

ABB. 48: BANSIN, DURCHGANG ZUR BERGSTRASSE

SEITE 84, ABB. 51: ZINNOWITZ, PALACE-HOTEL

SEITE 85, ABB. 52: ZINNOWITZ, HOTEL DÜNENSCHLOSS

Hotel
Dünen
Schloß
HOTEL

BADEHAUS

ABB. 54: GÖHREN, VILLA GRANITZ

SEITEN 86/87, ABB. 53: LAUTERBACH,
BADEHAUS GOOR, ZUSTAND IM JAHR 2002

ABB. 55: GÖHREN, VILLA HANNI

Luftbadstraße
Gaststätte Wald-Hotel
Hotel Bernstein
Pension Seeschloß
Lübzer Pils
tobaccoland

ABB. 56: SELLIN, HAUS WALDFRIEDEN

ABB. 57: SELLIN, VILLA VINETA

ABB. 58: SELLIN, VILLA GRANITZ

ABB. 59: SELLIN, VILLA MIRAMAR

MIRAMAR

ABB. 61: SELLIN, VILLA FERNSICHT

SEITEN 96/97, ABB. 62: SELLIN, SEEBRÜCKE

ABB. 60: SELLIN, VILLA SELLIN

SEITEN 98/99, ABB. 63: BINZ, STRAND MIT KURHAUS

Villa Fernsicht
Bistro
Café

BIN 001

BINZ

VILLA BALTIK

ABB. 64: BINZ, VILLA BALTIK UND VILLA SIRENE

ABB. 65: BINZ, VILLA DÜNENHAUS

SEITEN 102/103, ABB. 66: BINZ, STRANDPROMENADE

Villa Agnes

Privatgrundstück
Unberechtigt
parkende Fahrzeuge
werden kostenpflichtig
abgeschleppt!

ABB. 67: SASSNITZ, VILLA HERTHA

ABB. 68: SASSNITZ, FÜRSTENHOF

FÜRSTENHOF
RESTAURANT
BIERSTUBE
PENSION
FÄHRBLICK

ABB. 69: WARNEMÜNDE,
HAUS UNDINE UND HOTEL STOLTERAA

ABB. 70: WARNEMÜNDE, AM ALTEN STROM

NEW BAGS
WARNEMÜNDE

ABB. 72: HEILIGENDAMM MIT KURHAUS, HAUS MECKLENBURG UND BURG HOHENZOLLERN

SEITE 110, ABB. 73: HEILIGENDAMM, DURCHBLICK ZUR BURG HOHENZOLLERN

ABB. 71: HEILIGENDAMM, HAUS BISCHOFSSTAB

SEITE 111, ABB. 74: HEILIGENDAMM, HAUS MECKLENBURG

Ostsee-
bibliothek

ABB. 75: KÜHLUNGSBORN, PAVILLON IM KONZERTGARTEN OST

ABB. 76: KÜHLUNGSBORN, VILLA BALTIC

SEITEN 114/115, ABB. 77: KÜHLUNGSBORN, STRANDPARTIE

CAFÉ MEERESBLICK
DB 20
DB 18
DB 13

ABB. 78: BOLTENHAGEN,
HÄUSER AN DER MITTELPROMENADE

ABB. 79: BOLTENHAGEN, KONZERTBÜHNE

Boltenhagen
200 Jahre Seebad

ABB. 80: BAD STUER AM PLAUER SEE, VILLA AM SEEUFER

ABB. 81: SCHWERIN ZIPPENDORF, AM STRAND 16

SEITE 120, ABB. 82: HEILIGENDAMM, HAUS PERLE